Infrastructures financées
par des ressources naturelles

ÉTUDE DE LA BANQUE MONDIALE

Infrastructures financées par des ressources naturelles

Examen d'un nouveau mode de financement des infrastructures

Håvard Halland, John Beardsworth, Bryan Land et James Schmidt

Commentaires de
Paul Collier
Alan Gelb
Justin Yifu Lin et Yan Wang
Clare Short
Louis Wells

La publication originale de cet ouvrage est en anglais sous le titre de Resource Financed Infrastructure: A Discussion on a New Form of Infrastructure Financing in 2014. En cas de contradictions, la langue originelle prévaudra.

Cet ouvrage a été établi par les services de la Banque mondiale avec la contribution de collaborateurs extérieurs. Les observations, interprétations et opinions qui y sont exprimées ne reflètent pas nécessairement les vues de la Banque mondiale, de son Conseil des Administrateurs ou des pays que ceux-ci représentent. La Banque mondiale ne garantit pas l'exactitude des données citées dans cet ouvrage. Les frontières, les couleurs, les dénominations et toute autre information figurant sur les cartes du présent ouvrage n'impliquent de la part de la Banque mondiale aucun jugement quant au statut juridique d'un territoire quelconque et ne signifient nullement que l'institution reconnaît ou accepte ces frontières.
Rien de ce qui figure dans le présent ouvrage ne constitue ni ne peut être considéré comme une limitation des privilèges et immunités de la Banque mondiale, ni comme une renonciation à ces privilèges et immunités, qui sont expressément réservés.

Photo de couverture : Getty Images / Sam Edwards. Utilisation autorisée ; reproduction interdite sans autorisation.
Maquette de couverture : Debra Naylor, Naylor Design Inc.

Table des matières

Remerciements		*ix*
À propos des auteurs		*xi*
À propos des auteurs des commentaires		*xiii*
Abréviations		*xv*

Première partie	**Principales perspectives**	
Aperçu		3
	Portée et thèmes abordés	3
	Éléments essentiels d'une transaction IFR	4
	Le débat sur les transactions IFR	6
	Critiques et risques	7

Deuxième partie	**Infrastructures financées par des ressources naturelles : Origines et problèmes**	
Chapitre 1	Introduction	13
Chapitre 2	Origines du modèle des infrastructures financées par des ressources naturelles	15
	Modèle traditionnel de mise en valeur des ressources naturelles	15
	Modèle traditionnel d'achat d'infrastructures par l'État	20
	Modèle du financement sur projet	22
	Modèle du partenariat public-privé	25
	Que faire pour remédier aux failles	28
Chapitre 3	Infrastructures. Financées. Par des ressources naturelles	31
	Le modèle des infrastructures financées par des ressources naturelles : un enfant proche de ses parents, mais néanmoins unique	33
Chapitre 4	Examen des premières transactions d'infrastructures financées par des ressources naturelles	37

Infrastructures financées par des ressources naturelles • http://dx.doi.org/10.1596/978-1-4648-0599-8   v

Encadrés

Graphiques

Tableaux

Remerciements

Ce rapport a été préparé sous la direction d'Håvard Halland, économiste spécialiste des ressources naturelles, et de Bryan C. Land, spécialiste principal du secteur minier, tous deux membres des services de la Banque mondiale. Il est centré sur une étude réalisée par des consultants de la Banque : John J. Beardsworth, Jr., partenaire et directeur mondial, et James A. Schmidt, conseiller juridique, tous deux à Hunton & Williams LLP. Les commentaires formulés par Paul Collier, Alan Gelb, Justin Yifu Lin et Yan Wang, Clare Short, et Louis T. Wells ont considérablement enrichi les débats qui sont à la base de ce rapport.

Les responsables de la publication tiennent à exprimer leur profonde gratitude aux experts internationaux qui ont permis d'affiner la conception initiale de cet ouvrage : Paul Collier, Shanta Devarajan et Deborah Brautigam. Plusieurs personnes ont présenté d'utiles commentaires sur les versions préliminaires, notamment Pierre A. Pozzo di Borgo, Nicola Smithers, Marijn Verhoeven, et James Close, et — sur la note de synthèse — Xavier Cledan Mandri-Perrott, Anand Rajaram, Nadir Mohammed, Jyoti Bisbey et Tomoko Matsukawa. Otaviano Canuto a présenté de précieux conseils à différentes étapes des travaux, et Vivien Foster a fait part d'avis cruciaux au début de l'étude. Mariela Sánchez Martiarena a rapidement assuré les travaux de recherche et Fayre Makeig a préparé l'ouvrage en vue de sa publication. Il n'aurait été possible de publier ce rapport sans le soutien administratif incomparable de William Dorotinsky et de Nick Manning.

La Banque mondiale souhaite enfin remercier de leurs concours financiers le ministère australien des Affaires étrangères et du Commerce, qui soutient le programme de recherche de la Banque sur les industries extractives en Afrique, et le Fonds de conseil en infrastructure publique-privée. La traduction du rapport a été entièrement financée par le Fonds de partenariat pour la gouvernance. Les opinions exprimées dans cette étude sont celles des auteurs, qui sont seuls responsables des erreurs qui peuvent s'y trouver et des omissions qui peuvent avoir été faites.

À propos des auteurs

Håvard Halland est un économiste spécialiste des ressources naturelles à la Banque mondiale, où il dirige le programme de stratégies et recherches sur le financement des infrastructures appuyé par des ressources naturelles, les politiques en matière de fonds de patrimoine souverains, la gestion des revenus des industries extractives, et la gestion des finances publiques axée sur le secteur des industries extractives. Avant d'entrer à la Banque mondiale, il a occupé le poste de délégué et de directeur de programme au Comité international de la Croix-Rouge (CICR) en République démocratique du Congo et en Colombie. Il est titulaire d'un doctorat en économie de l'Université de Cambridge.

John J. Beardsworth, Jr., dirige le groupe des pratiques commerciales du cabinet juridique international Hunton & Williams LLP, et est membre de son Comité exécutif. M. Beardsworth, qui a plus de 30 ans d'expérience, concentre essentiellement ses activités sur la mise en valeur des ressources, les transactions dans les domaines de l'énergie et de l'infrastructure, et le financement de projets. Il a une longue expérience de la restructuration et de la privatisation des entreprises d'infrastructure, ainsi que de la mise en valeur, de la conception, du financement et de la construction d'actifs liés aux ressources naturelles et aux infrastructures. Il est connu pour sa grande expérience de l'Afrique. M. Beardsworth a obtenu un Juris Doctor (avec mention) de la Faculté de droit de l'Université George Washington en 1979 et un Bachelor of Arts de l'Université de Pennsylvanie (magna cum laude) en 1975.

Bryan C. Land est spécialiste principal des mines à la Banque mondiale, et développe les travaux de recherche de la Banque sur les opportunités et les défis rencontrés par les pays africains riches en ressources naturelles. Avant d'entrer à la Banque mondiale, M. Land dirigeait le programme du Commonwealth Secretariat sur la gestion des ressources naturelles. Il a auparavant travaillé pour les cabinets de conseils spécialistes des industries extractives IHS Energy et CRU International et a également passé trois ans en Papouasie-Nouvelle-Guinée au ministère des Ressources minérales et de l'Énergie. M. Land est titulaire d'un diplôme en économie de la London School of Economics et de maîtrises en droit des affaires internationales et en droit des ressources naturelles de l'Université Columbia et de l'Université Dundee, respectivement.

James A. Schmidt occupe les fonctions de conseiller juridique auprès du cabinet international Hunton & Williams LLP. M. Schmidt. Il a plus de 25 ans d'expérience, s'intéresse principalement à la conception de marchés et à la restruturation du secteur de l'électricité, par le biais de la création de cadres législatifs et règlementaires, de l'établissement d'organismes règlementaires indépendants, et de la négociation de projets d'infrastructure pour des promoteurs privés, des États et leurs sociétés d'utilité collective, ainsi que des partenariats public-privé. Il a occupé le poste de juriste principal pour les questions de réformes de l'énergie et de réformes règlementaires au Département juridique de la Banque mondiale entre 1996 et 1998. Il a également servi en tant que référendaire à la Cour d'Appel des États-Unis pour le Quatrième Circuit entre 1986 et 1989. M. Schmidt a obtenu un Juris Doctor de la faculté de droit de l'Université du Wisconsin en 1986 et un BA de Lawrence University en 1983.

À propos des auteurs des commentaires

Paul Collier est professeur d'économie et de politique publique à la Blavatnik School of Government, professorial fellow du Collège St. Antony et co-directeur du Centre for the Study of African Economies à l'Université d'Oxford. Il a occupé le poste de directeur du Département de la recherche, politiques de développement, à la Banque mondiale de 1998 à 2003 et est actuellement professeur invité à Sciences Po et à Paris 1. Le Professeur Collier assume les fonctions de conseiller auprès du Département de la stratégie et des politiques du Fonds monétaire international, de la Région Afrique de la Banque mondiale, et du ministère britannique du Développement international (DfID) du Royaume-Uni. Il écrit des articles pour le *New York Times, le Financial Times, le Wall Street Journal et le Washington Post*, et est l'auteur de plusieurs ouvrages. En 2008, M. Collier a été nommé chevalier pour ses services en faveur de la promotion des efforts de recherche et de transformation des politiques en Afrique.

Alan Gelb est associé principal au Center for Global Development. Il a antérieurement occupé plusieurs postes à la Banque mondiale, notamment celui de directeur, Politique du développement, et d'économiste en chef de la Banque pour l'Afrique. Ses domaines de recherche couvrent la gestion des économies riches en ressources naturelles, le développement économique de l'Afrique, le financement basé sur les résultats, et l'utilisation de technologies d'identification numérique à l'appui du développement. Il est l'auteur de nombreux livres et rapports publiés dans des journaux spécialisés. Il est titulaire d'un Bachelor of Science en mathématiques appliquées de l'Université de Natal et d'un Bachelor of Philosophy et d'un Doctorate of Philosophy de l'Université d'Oxford.

Justin Yifu Lin est professeur et doyen honoraire au Centre national pour le développement de l'Université de Pékin, et conseiller auprès du Conseil d'État. Il a occupé le poste d'économiste en chef de la Banque mondiale et de premier vice-président de 2008 à 2012, après avoir passé 15 années à l'Université de Pékin en tant que professeur et directeur fondateur du Centre chinois de recherche économique. Il est l'auteur de 23 ouvrages, parmi lesquels *New Structural Economics: A Framework for Rethinking Development and Policy*. Il est membre du Comité permanent, de la Conférence pour la consultation politique du peuple chinois, et vice-président de la Fédération nationale de l'industrie et du commerce de Chine. Il est associé correspondant de l'Académie brittanique et associé de l'Academy of Sciences for the Developing World.

Clare Short est présidente du Conseil d'administration de l'ITIE depuis son élection lors de la Conférence mondiale de l'ITIE tenue à Paris en mars 2011. Mme Short occupait auparavant les fonctions de Secrétaire d'État du Royaume-Uni pour le développement international (1997–2003). La première à occuper ce poste, elle a contribué dans une mesure cruciale à renforcer les efforts et le budget consacrés par le Royaume-Uni au développement durable et à la lutte contre la pauvreté. Mme Short est entrée à la Chambre des Communes en 1983 en tant que membre du Parlement représentant le district de Birmingham Ladywood où elle est née. Elle a été ministre de l'opposition pour la Condition féminine (1993–1995), secrétaire d'État de l'opposition pour les Transports (1995–1996), et porte-parole de l'opposition pour le développement outre-mer (1996–1997). Mme Short est membre du Conseil consultatif d'International Lawyers for Africa et administratrice d'Africa Humanitarian Action.

Yan Wang est membre associée senior du Centre national pour le développement de l'Université de Pékin, et professeure invitée à la School of Business de l'Université George Washington. Elle a auparavant exercé les fonctions d'économiste senior et de chef d'équipe pendant 20 ans à la Banque mondiale où elle a acquis une profonde expérience des opérations menées en collaboration avec les pouvoirs publics et le secteur privé dans des marchés émergents. Elle a également été la Coordinatrice du Groupe d'étude Chine-Comité d'aide au développement (CAD) de l'Organisation de coopération et de développement économiques (OCDE) pendant deux ans (2009–2011), et elle a travaillé sur les questions de coopération pour le développement et d'investissement Chine-Afrique. Elle est l'auteur ou le co-auteur de plusieurs ouvrages et articles spécialisés et elle a reçu le prix SUN Yefang en économie. Elle est titulaire d'un doctorat de l'Université Cornell, et a enseigné l'économie avant de rejoindre la Banque mondiale.

Louis T. Wells est Herbert F. Johnson Professor of International Management, emeritus, à la Harvard Business School. Il joue le rôle de consultant auprès des autorités d'un certain nombre de pays en développement, ainsi que d'organisations internationales et de sociétés privées. Ses activités et ses publications ont principalement trait aux politiques d'investissements étrangers, aux négociations entre les investisseurs étrangers et les autorités des pays hôtes, et au règlement des différents relatifs aux investissements. Il a assumé les fonctions de coordinateur pour Indonesia Projects, Harvard Institute for International Development, Djakarta, en 1994–1995. Le Professeur Wells est titulaire d'un Bachelor of Science en physique de l'Université Georgia Tech et d'un Master in Business Administration (MBA) et d'un Doctorate in Business Administration (DBA) de Harvard Business School.

Abréviations

BIRD	Banque internationale pour la reconstruction et le développement
BMD	Banque multilatérale de développement
CFR	Collatérisation des futurs revenus
CNUCED	Conférence des Nations unies sur le commerce et le développement
FAR	Financement par anticipation de revenus
FIDIC	Fédération internationale des ingénieurs-conseils
FMI	Fonds monétaire international
GSTF	Global Structural Transformation Fund
IAC	Ingénierie, approvisonnement et construction
IED	Investissement étranger direct
IEEE	Institut des ingénieurs électriciens et électroniciens
IFI	Institution financière internationale
IFR	Infrastructures financées par des ressources naturelles
ITIE	Initiative pour la transparence dans les industries extractives
ONG	Organisation non gouvernementale
PIB	Produit intérieur brut
PPP	Partenariat public-privé
RnI	Ressources naturelles pour les infrastructures
SWOT	Points forts, points faibles, opportunités, risques
TIC	Technologies de l'information et des communications
UEP	Unité d'exécution du projet
IPP	independent power project
PMA	Pays les moins avancés
O&M	Activités d'exploitation et d'entretien
SPV	Entité ad hoc

PREMIÈRE PARTIE

Principales perspectives

Håvard Halland

Aperçu

Portée et thèmes abordés

Ce rapport, qui se compose d'une étude préparée par Hunton & Williams LLP, spécialiste du financement de projets à l'échelle mondiale, et de commentaires formulés par six économistes et décideurs de réputation internationale, présente une analyse des marchés d'infrastructures financés par des ressources naturelles (IFR) sous l'angle du financement des projets. Il a pour objet de provoquer une réflexion de fond et de servir de base à de nouveaux travaux de recherche sur le rôle du modèle IFR, les risques qu'il pose et les perspectives qu'il offre, sans pour autant prétendre présenter des opinons des contrats IFR qui auraient l'aval de la Banque mondiale. Il est le fruit d'un effort motivé par la conviction que, si les pays doivent continuer de solliciter des transactions IFR ou de recevoir des propositions spontanées, il incombe aux représentants de l'État de pouvoir faire la différence entre de bonnes et de mauvaises opérations, d'évaluer les compromis qui sont inévitables, et d'agir en conséquence. Ce rapport vise à apporter certains éclairages qui permettront de déterminer comment assujettir, dans le cadre de la politique publique, les transactions IFR au même degré d'examen que tout autre instrument que les autorités de pays à faible revenu ou à revenu intermédiaire (tranche inférieure) pourraient souhaiter utiliser pour mobiliser des financements à l'appui du développement.

Le présent rapport s'inscrit également dans le droit fil de la généralisation, à l'échelle mondiale, de « l'ouverture du processus des marchés publics » qui donne aux citoyens les moyens de débattre avec les pouvoirs publics et d'autres parties prenantes de la manière de gérer le mieux possible les ressources renouvelables dans l'intérêt de la population. Dans le cas des IFR, il est possible d'établir un lien très direct entre la valeur des ressources dans le sol et l'augmentation des avantages (des infrastructures). Il n'est donc guère surprenant que la norme révisée de l'Initiative pour la transparence dans les industries extractives (ITIE) adoptée en mai 2013, couvre les opérations des industries extractives assorties d'une composante ayant trait aux infrastructures, notamment les transactions IFR[1].

Pour réaliser cette étude, la Banque mondiale a demandé à John Beardsworth, Jr. et James Schmidt, tous deux membres du spécialiste des financements de projets à l'échelle mondiale Hunton & Williams LLP, d'analyser le modèle IFR sous les angles structurel, juridique, financier et opérationnel. Les domaines abordés couvrent les caractéristiques des financements du modèle ; l'évaluation des échanges IFR ; la relation du modèle avec un régime financier particulier ; le partage des risques et des engagements ; le règlement des différends ; les modalités de la supervision des travaux de construction ; les prescriptions des normes techniques ; et les activités d'exploitation et d'entretien. L'étude fait valoir que les transactions IFR sont une variante de modèles de financement plus traditionnels (c'est-à-dire les concessions de ressources naturelles, les marchés traditionnels d'acquisition d'infrastructures par l'État, les financements sur projet et les partenariats public-privé) et peuvent être évaluées par rapport à ces derniers. Elle examine ensuite l'identité et les intérêts des parties aux transactions IFR, les risques assumés, les ententes passées, et elle considère les mesures de sauvegarde qui peuvent être prises pour veiller aux intérêts de la population.

Parce que l'étude s'intéresse à des questions de nature contractuelle et financière, elle n'aborde pas les questions de plus vaste portée liées au contexte (comme l'évaluation, la sélection, le suivi et l'évaluation des projets d'infrastructures) ni les questions d'absorption macroéconomique ou institutionnelle soulevées par l'accroissement des investissements dans les infrastructures. Étant donné que les prêts IFR ont essentiellement revêtu la forme de crédits à l'exportation, dans le cadre desquels la main-d'œuvre et les produits intermédiaires ont été importés des pays assurant les financements, les problèmes d'absorption macroéconomique ont été limités. Le recours important à des importations soulève en revanche d'autres questions — qui ont trait à l'emploi local, à la valeur ajoutée nationale et à la contribution à la diversification économique. Enfin, comme le note Alan Gelb (dans les « Commentaires » de la troisième partie de ce rapport), l'étude ne couvre pas le débat plus général concernant la collatérisation des futurs revenus de l'État ni les répercussions de cette opération pour la stabilité des finances publiques et la cote de crédit du pays[2].

Éléments essentiels d'une transaction IFR

Dans le cadre d'une transaction IFR, un prêt contracté pour financer la construction immédiate d'une infrastructure est garanti par la valeur actuelle nette de flux de revenus qui seront générés à l'avenir par l'extraction d'hydrocarbures ou de minerais, corrigée des risques. Les décaissements du prêt pour la construction de l'infrastructure commencent généralement peu après la signature du contrat couvrant à la fois le projet d'infrastructure et l'extraction de la ressource naturelle, et ils sont versés directement à la société de construction pour financer les coûts de construction. Les revenus qui sont utilisés pour rembourser le prêt, et qui sont versés directement par la société pétrolière ou minière à l'institution qui finance le prêt, ne commencent fréquemment à se matérialiser qu'au moins une dizaine d'années plus tard, après le recouvrement des investissements en capital initiaux dans le projet d'extraction. Le différé de paiement du prêt pour la construction de l'infrastructure dépend donc du temps nécessaire pour construire la mine ou pour mettre en valeur le gisement d'hydrocarbures, du montant de l'investissement initial et de son taux de rendement. Les grands projets d'extraction peuvent coûter entre 3 et 15 milliards de dollars, et plus de dix ans s'écoulent parfois entre le stade de la découverte et celui de l'exploitation commerciale ; il peut en outre falloir encore plusieurs années avant que les investissements initiaux puissent être recouvrés. Les infrastructures financées dans le cadre de modalités IFR sont, notamment, des centrales électriques, des chemins de fer, des routes, des projets de technologie de l'information et des communications (TIC), des écoles et des hôpitaux, et des ouvrages hydrauliques (Foster et al. 2009 ; Korea ExIm Bank 2011 ; Alves 2013).

Les transactions IFR — qu'il ne faut pas confondre avec des transactions « globales » couvrant des ressources naturelles et des infrastructures connexes à l'extraction des ressources (par exemple la ligne de chemin de fer reliant la mine au port pour assurer le transport du minerai) — peuvent être considérées comme un prolongement des pratiques de prêts garantis par le pétrole lancées, entre autres, par Standard Chartered Bank,

BNP Paribas et Commerzbank en Angola dans les années 80 et 90 (Brautigam 2011). Selon Alves (2013), les prêts garantis par du pétrole continuent d'être une forme de financements courante pour plusieurs banques opérant en Afrique. Louis Wells, dans la section « Commentaires » de la troisième partie de ce rapport, fait valoir que les primes à la signature, qui sont fréquentes dans le secteur des industries extractives, sont également similaires à des transactions IFR, dans la mesure où elles fournissent immédiatement des actifs en échange de la promesse d'un accès à des minéraux ou à d'autres ressources naturelles à une date future.

Les transactions IFR, comme les prêts garantis par le pétrole, ont été utilisées pour la première fois en Angola. China ExIm Bank a commencé à offrir ce type de contrat en 2004, qui est ensuite devenu l'un des principaux modes de financement de la reconstruction de l'Angola à l'issue de la guerre (Brautigam 2011). Le mode d'établissement de contrats IFR a ensuite été utilisé dans plusieurs autres pays africains — essentiellement par des banques chinoises, parmi lesquelles China Development Bank, mais aussi plus récemment par Korea Exim Bank pour le projet minier de Musoshi en République démocratique du Congo (RDC). Selon la Korea Exim Bank (2011), « la [version coréenne du modèle IFR] a été formulée de manière stratégique pour accroître la compétitivité de la Corée face à des pays qui s'étaient déjà implantés sur un marché africain prometteur. Cet accord est la première application du modèle ». Selon des estimations approximatives basées sur des informations généralement disponibles, la valeur des contrats IFR signés en Afrique seraient d'au moins 30 milliards de dollars, bien qu'il ne soit pas évident que tous ces contrats aient été pleinement mis en œuvre. Des contrats d'une valeur de 6 milliards de dollars sont réputés avoir été signés en 2011 et 2012, et des contrats d'une valeur de 14 milliards de dollars auraient été en cours de négociation en 2013[3].

L'apparition du modèle IFR peut s'expliquer, en partie, par l'existence d'un écart entre la tolérance du risque et les rendements escomptés dans le secteur des industries extractives et dans le secteur de l'infrastructure. De nombreux pays en développement continuent d'être confrontés à d'importants déficits de financement de leurs infrastructures publiques puisque, selon les estimations, il faudrait consacrer chaque année 93 milliards de dollars pour faire face aux besoins d'infrastructures en Afrique — soit plus du double des montants actuellement dépensés (Foster et Briceño-Garmendia 2010). La crise financière mondiale et ses répercussions ont considérablement réduit les sources traditionnelles de financements privés à long terme auxquelles avaient accès les pays en développement, en particulier pour les infrastructures. Les flux d'aide se sont par ailleurs amenuisés. Les investissements étrangers directs (IED) dans le secteur des industries extractives ont, en revanche, augmenté au cours des 10 dernières années dans de nombreux pays en développement. Bien que le récent tassement des cours des minerais compromette la poursuite des projets miniers les plus marginaux, des milliards de dollars continuent d'être investis dans ce secteur — même dans les conditions géographiques et politiques les plus difficiles, en particulier en Afrique. Il s'ensuit que les pays moins développés reçoivent, en fait, davantage d'IED — en proportion de leur produit intérieur brut (PIB) — que d'autres pays en développement plus avancés (Brahmbhatt et Canuto 2013). Les IED destinés à l'Afrique ont quintuplé depuis le début du millénaire, pour passer de 10 milliards de dollars en 2000 à 50 milliards de dollars en 2012 (CNUCED, 2013). En effet, de nombreux pays en développement qui n'ont pas accès aux marchés des capitaux sont richement dotés en ressources naturelles. Plusieurs de ces pays utilisent ces ressources en tant que garantie pour obtenir des financements pour leurs investissements, contourner les obstacles aux financements bancaires traditionnels et à l'accès aux marchés financiers. Les transactions IFR ne sont que l'une des modalités contractuelles parmi d'autres conçues dans ce contexte.

Le débat sur les transactions IFR

Six économistes et décideurs renommés au plan international ont formulé des commentaires sur cette étude, en considérant de nouvelles perspectives, en apportant des informations et des contextes supplémentaires et en procédant à une analyse plus poussée (voir la section « Commentaires » dans la troisième partie de ce rapport). Plusieurs d'entre eux font valoir que le modèle IFR — qui, sur la base des principes traditionnels est peu souhaitable, ne serait-ce que parce qu'il réduit la souplesse avec laquelle les finances publiques pourront être gérées à l'avenir en affectant les ressources à la construction d'infrastructures — pourrait néanmoins être la meilleure option dans des contextes caractérisés par des administrations publiques dotées de capacités insuffisantes et des systèmes de passation des marchés publics présentant des carences. Selon Paul Collier, il n'est pas nécessairement souhaitable pour un pays de bénéficier de souplesse budgétaire et il peut être préférable que les revenus tirés des ressources naturelles soient déjà affectés à des investissements lorsque les autorités sont assujetties à de fortes pressions pour procéder à des dépenses. Il fait valoir, comme Alan Gelb et Louis Wells, que le modèle IFR représente un *mécanisme d'engagement*, qui permet aux ministres responsables de l'épuisement des actifs constitués par les ressources naturelles de garantir que les futurs décideurs consacreront une fraction raisonnable des revenus provenant de ces ressources à l'accumulation d'actifs. Les autorités prennent cet engagement préalable en signant l'affectation de revenus prospectifs au financement d'ouvrages d'infrastructures dans le cadre d'une transaction IFR et sont, par conséquent, mieux en mesure de résister aux pressions exercées pour les amener à accroître les dépenses courantes au moyen des revenus tirés des ressources. Le système des prêts garantis par le pétrole, en revanche, ne comporte aucun mécanisme d'engagement.

Justin Yifu Lin, Yan Wang et Wells estiment que l'engagement des revenus générés par les ressources naturelles pour la construction d'ouvrages d'infrastructure dans le cadre de transactions IFR peut empêcher la fuite de capitaux qui, sinon, résulterait des abondants revenus générés par ces ressources dans un contexte caractérisé par des institutions financières et politiques précaires. Gelb note que les revenus produits par les industries extractives risquent de ne pas être inscrits dans le budget national ou, s'ils le sont, d'être gaspillés ou bien détournés, et il fait valoir que le mécanisme d'engagement préalable inhérent à une transaction IFR peut réduire ce risque. Il considère également que ce mécanisme limite aussi la possibilité pour les pouvoirs publics de mettre la main sur les revenus générés par les ressources naturelles accumulés dans un fonds de patrimoine souverain par une équipe gouvernementale antérieure plus responsable. Lin et Wang notent, de manière générale, qu'une transaction IFR pourrait « contribuer à surmonter les graves problèmes de financement et de gouvernance dont souffrent les pays qui ont de faibles revenus mais qui sont richement dotés de ressources naturelles ».

Beardsworth et Schmidt estiment que, si les pouvoirs publics peuvent juger les transactions IFR intéressantes c'est, entre autres, parce qu'elles leur donnent la possibilité de procurer des avantages aux citoyens alors qu'ils sont toujours au pouvoir, bien avant que le projet d'extraction de la ressource naturelle ne commence à générer des revenus ou à dégager des bénéfices. Suivant cet argument, la construction d'infrastructures publiques à un stade précoce du cycle du projet d'extraction de la ressource peut assurer la légitimité d'un gouvernement élu de manière démocratique, ou celle d'un gouvernement non démocratique qui semble avoir besoin d'acquérir une certaine légitimité populaire. Collier estime également que la rapidité de la livraison des ouvrages d'infrastructure compte parmi les principales caractéristiques intéressantes des contrats IFR. Lin et Wang suggèrent que le modèle IFR peut être bien adapté à la construction de ce qu'il qualifie d'ouvrages d'infrastructure « éliminant les goulets d'étranglement » aux avantages comparatifs des pays hôtes des transactions IFR.

Lin et Wang font valoir que le modèle IFR présente également l'avantage de remédier à la possibilité d'un manque de concordance avec la devise utilisée pour effectuer le paiement initial au titre d'un prêt contracté pour financer un ouvrage d'infrastructure. Alors que les flux de revenus générés par un projet d'infrastructure sont libellés en monnaie nationale, les revenus provenant de la composante d'extraction de la ressource naturelle d'une transaction IFR sont générés sur les marchés des produits de base mondiaux. Le risque de change lié au versement initial du prêt au titre de l'infrastructure peut donc être éliminé si le produit des ventes du produit de base et le prêt pour la construction de l'ouvrage d'infrastructure sont libellés dans la même devise, qui est généralement le dollar des États-Unis.

Collier indique que, si la promesse de verser les revenus générés par les ressources naturelles est une garantie utile qui permet de lever les obstacles lorsque les phases de négociation et de construction soulèvent trop de difficultés pour que le pays puisse obtenir un financement sur projet traditionnel, les pouvoirs publics ne devraient pas bloquer leurs capitaux de manière indéfinie. Une fois l'ouvrage d'infrastructure — par exemple une centrale — construite, le risque associé à ce dernier devient minime, de sorte que l'État pourrait le vendre à un exploitant privé. Selon Collier, « dans un environnement caractérisé par une pénurie de capitaux et des risques élevés, les autorités nationales ne devraient pas bloquer les capitaux limités dont ils disposent dans des ouvrages d'infrastructure à forte intensité de capital et posant peu de risques qui peuvent être exploités par le secteur privé ».

Gelb, Lin, Wang et Wells font ressortir un point qui n'a guère été abordé dans les études réalisées jusqu'ici — à savoir le degré de risque assumé par les banques et les sociétés participant à des transactions IFR, et la contribution des financements concessionnels à l'atténuation de ces risques. Lorsque l'ouvrage d'infrastructure est achevé, ce qui peut se produire bien avant que la phase de production de pétrole, de gaz ou de minerai ne commence, les pouvoirs publics pourraient être incités à revenir sur les termes du contrat. Wells fait valoir que l'opposition politique ou une nouvelle équipe gouvernementale oubliera probablement le fait que des avantages ont été obtenus au début du cycle du projet d'extraction des ressources naturelles et pourrait faire pression en vue d'une renégociation du contrat. Étant donné que l'investisseur a assumé une part importante des risques opérationnels, économiques et politiques, la transaction IFR devient alors l'équivalent d'un prêt sans recours ; c'est pour réduire le risque que court l'investisseur à cet égard qu'un élément de financement concessionnel officiel ou semi officiel a, jusqu'à présent, constitué une composante type des transactions IFR. Gelb suggère que les modalités de financement concessionnel pourraient revêtir la forme de financements à taux d'intérêt réduit ou de garanties de risque partielles pour empêcher le pays hôte de revenir sur les termes de l'accord. Lin et Wang font valoir que la transparence contribue aussi à réduire les pressions exercées en vue d'une renégociation du contrat et sert donc les intérêts des banques et des sociétés participant aux transactions IFR.

Critiques et risques

Les auteurs de l'étude et les auteurs des commentaires notent également plusieurs risques importants inhérents aux contrats IFR. Ils invoquent tous la nécessité d'appliquer le même degré de transparence à toutes les modalités contractuelles retenues pour les activités d'extraction de ressources naturelles, notamment les modalités IFR. Les exigences de l'ITIE témoignent des principales préoccupations suscitées en ce domaine, que résume Clare Short en ces termes : « Pour pouvoir traiter de manière efficace les dispositions relatives à l'infrastructure et aux échanges, l'ITIE exige que les parties prenantes aient une bonne compréhension des conditions du contrat et des accords concernés, des parties intéressées, des ressources qui ont été promises par l'État, de la valeur de la contrepartie en termes de flux financiers et économiques (par exemple travaux d'infrastructures) [...]

il est nécessaire de procéder à l'examen intégral de ces transactions pour répondre aux exigences de l'ITIE ».

Parmi les autres préoccupations fondamentales examinées dans le cadre de cette étude figurent l'existence d'une structure financière solide pouvant gérer les revenus générés une fois l'investissement dans l'infrastructure remboursé, l'adoption de mesures pour assurer la qualité des travaux d'infrastructures et l'intégrité du processus de construction ainsi que la prise de dispositions pour assurer l'exploitation et l'entretien de l'ouvrage après l'achèvement des travaux. L'on ne saurait trop insister sur l'importance de l'adoption de mesures efficaces en ces domaines.

Collier estime que l'opacité d'un grand nombre des transactions IFR existantes tient à la situation de monopole qui caractérise leur offre. Selon lui, si les entités proposant de telles transactions étaient plus nombreuses, « par exemple si les bailleurs de fonds bilatéraux s'associaient à des sociétés d'exploitation de ressources naturelles et de construction de leur pays », la valeur des transactions IFR pourrait être déterminée sur une base concurrentielle. Les propositions de transactions IFR résultent toutefois, à ce jour, d'offres spontanées émanant d'entreprises en quête d'opportunités dans le domaine des industries extractives ou dans le domaine de la construction d'infrastructures, qui s'associent à d'autres sociétés et à une institution financière pour monter une opération susceptible d'attirer des investisseurs et pouvant être soumise aux autorités nationales (Wells 2013). Les offres spontanées sont relativement fréquentes dans le secteur de la construction et des industries extractives, et plusieurs pays ont adopté des lois pour recadrer ces offres dans les processus d'attribution des marchés publics par voie d'appel à la concurrence, de manière à encourager le secteur privé à soumettre des propositions de projets qui peuvent être intéressantes tout en préservant les avantages conférés par le système d'appel d'offres. Le Chili et la République de Corée, par exemple, ont recours à un « système de prime » dans le cadre duquel une prime allant de 5 % à 10 % est accordée à la soumission présentée en réponse à l'appel d'offres par l'entité qui a initialement proposé spontanément le projet (Hodges et Dellacha 2007).

Wells estime que les pays doivent évaluer les propositions de transactions IFR compte tenu des montants qu'ils recevraient, sinon, pour leurs ressources naturelles — et des montants qu'ils devraient payer pour financer les infrastructures correspondantes, si celles-ci devaient être financées à partir d'autres sources. Les responsables de l'évaluation d'une option IFR devraient donc, pour prendre en compte les problèmes d'évaluation et de risque, commencer par comparer le coût estimé de l'ouvrage d'infrastructure et celui des modèles traditionnels du financement des investissements à partir du budget — dans le cadre desquels les revenus tirés des ressources naturelles sont enregistrés dans le budget, et la construction de l'ouvrage d'infrastructure est financée par des dépenses publiques permises par ces mêmes revenus.

Wells fait par ailleurs valoir que la plupart des critiques à l'encontre des transactions IFR valent tout autant pour les contrats indépendants conclus pour des projets d'infrastructures et d'extraction de ressources naturelles, et qu'il n'existe guère d'indication permettant de conclure que les transactions IFR sont associées à davantage d'actes de corruption que d'autres contrats portant sur des activités d'extraction et de construction dans les mêmes pays hôtes. À son avis, le problème posé par le manque d'aptitude des pays pauvres à négocier avec des investisseurs étrangers chevronnés et à faire respecter les accords conclus doit être considéré indépendamment de la structure IFR.

Les auteurs de l'étude et des commentaires s'efforcent, dans la plupart des cas, de ne prendre position ni pour ni contre le modèle IFR. Comme le note Wells, « les modèles IFR ne sont fondamentalement ni bon ni mauvais pour les pays hôtes. Il importe de les évaluer comme toute autre entente commerciale, et de soigneusement les comparer à d'autres méthodes permettant de tirer profit des ressources naturelles ou de financer des infrastructures ». Gelb souligne que l'étude « fait une distinction utile entre les principes sur lesquels repose le modèle IFR et la manière dont il a antérieurement été appliqué, et fait valoir que les défaillances qui ont caractérisé son application ne doivent pas nécessairement remettre en cause ses aspects positifs ». Clare Short, présidente de l'EITI, estime que l'étude « offre d'utiles directives sur la manière dont les pouvoirs publics peuvent assurer une bonne gouvernance et la transparence lorsqu'ils ont recours à l'extraction de leurs ressources naturelles pour financer le développement de leurs infrastructures. Elle offre aux responsables de l'action publique, aux parties contractantes et aux communautés touchées un cadre pour comprendre et comparer les transactions IFR, suivre leur exécution et évaluer les opportunités qu'elles offrent et les risques qu'elles posent ».

Notes

1. L'exigence 4.1 (d) de la Norme ITIE stipule que « Le Groupe multipartite et l'administrateur indépendant sont tenus de vérifier l'existence d'accords, ou ensembles d'accords et de conventions afférents à la fourniture de biens et de services (y compris des prêts, des subventions ou des travaux d'infrastructure) en échange partiel ou total de concessions pour la prospection ou l'exploitation de pétrole, de gaz ou de minerais, ou pour la livraison physique de telles matières premières. À cette fin, le Groupe multipartite et l'administrateur indépendant doivent acquérir une bonne compréhension des conditions du contrat et des accords concernés, des parties intéressées, des ressources qui ont été promises par l'État, de la valeur de la contrepartie en termes de flux financiers et économiques (par exemple travaux d'infrastructures) et de la matérialité comparable aux contrats traditionnels ».

2. Les transactions IFR se caractérisent principalement par l'engagement de futurs revenus de l'État dans le but d'assurer le service de la dette contractée pour financer les investissements actuels dans des travaux d'infrastructure. À cet égard, le modèle IFR est étroitement lié à la pratique plus courante de garantie d'une dette par des recettes pétrolières futures. La collatérisation de futurs revenus (CFR) a des répercussions sur la viabilité de la dette publique (la capacité de l'État à assurer le service de sa dette diminue) et peut avoir des répercussions juridiques. De nombreux accords de prêt, y compris ceux du guichet de la Banque internationale pour la reconstruction et le développement (BIRD) de la Banque mondiale, comprennent des clauses de non préférence de tiers qui empêchent les pays emprunteurs de promettre des actifs actuels ou futurs à un autre créancier. Il importe ici de noter l'existence d'une distinction juridique importante entre des dispositions qui donnent lieu à une demande de règlement auprès de l'État souverain ou d'une entreprise publique (modalités CFR « directes »), ou auprès d'une entité ad hoc (modalités CFR « indirectes »). Les modalités indirectes, contrairement aux modalités directes ne sont assujetties qu'à très peu d'obligations juridiques. Ces transactions sont souvent structurées de manière à ne donner lieu à une demande de règlement qu'auprès de l'entité ad hoc et non pas auprès de l'État en tant qu'initiateur (voir FMI 2003).

3. Pour une description générale des projets IFR en Africa, voir Alves (2013) et Foster et al. (2009).

Infrastructures financées par des ressources naturelles : Origines et problèmes

John J. Beardsworth, Jr., et James A. Schmidt

Déni de responsabilité

Cette étude a été préparée par John J. Beardsworth, Jr., et James A. Schmidt, de Hunton & Williams LLP. Son financement a été assuré par la Banque mondiale. Les constatations, interprétations et conclusions présentées dans cette étude n'engagent que les auteurs et ne doivent être attribuées en aucune façon à la Banque mondiale, aux institutions qui lui sont affiliées, aux membres de son Conseil des administrateurs ou aux pays qu'ils représentent.

CHAPITRE 1

Introduction

Transactions « à la mode de l'Angola ». « Opérations» d'« échange » ou de «troc » de « ressources naturelles pour des infrastructures ». Une nouvelle forme de financement de l'infrastructure a été créée pour les pays richement dotés en ressources naturelles — généralement des hydrocarbures ou des minerais métalliques — mais pauvres en infrastructures essentielles à une économie en expansion. Les formes revêtues par ces transactions donnent lieu à des montages dans le cadre desquels : i) l'État accorde un permis de mise en valeur et de production d'une ressource naturelle à une entité privée, et ii) l'État acquiert l'infrastructure souhaitée grâce à un mécanisme de financement associé à l'activité concernant la ressource naturelle.

Encadré 1.1 L'IFR en bref

Le modèle des infrastructures financées par des ressources naturelles (IFR) est un modèle de financement dans le cadre duquel l'État s'engage à verser des revenus qui seront générés à une période future dans le cadre d'un projet de mise en valeur des ressources naturelles pour rembourser un prêt contracté afin de financer la construction d'infrastructures. Ce modèle a pour principal avantage de permettre au pays de bénéficier des ouvrages d'infrastructure plus rapidement que s'il devait attendre que le projet relatif à la ressource naturelle commence à produire des revenus. Ce nouveau modèle de financement ressemble à d'autres modèles à certains égards, et son emploi soulève des problèmes, comme tous les autres modèles, qu'ils concernent un projet de mise en valeur d'une ressource ou un projet de construction d'infrastructures.

Ces transactions attirent l'attention en raison du caractère novateur de la démarche suivie, et font l'objet de critiques parce que le manque de transparence des négociations et du déroulement des transactions (surtout en ce qui concerne le régime financier de la composante de la ressource naturelle et les liens entre les marchés de construction de l'infrastructure et le mécanisme de financement) alimente la crainte que les investisseurs (et leurs prêteurs) et les représentants de l'État parties à la transaction ne commettent des actes de corruption et des délits d'initiés. Le manque de transparence et les soupçons de corruption et de délits d'initiés sont des préoccupations qui, loin de se limiter à ce type de transaction, existent malheureusement trop souvent dans de nombreux pays, aussi bien dans le contexte des projets de ressources naturelles que dans celui de projets d'infrastructure. Il a également été noté que, comme dans de nombreux projets réalisés au moyen de financements traditionnels, certaines des infrastructures construites dans le cadre de ces transactions étaient de piètre qualité, étaient le fruit de « grands projets inutiles » qui ne répondaient pas aux besoins de développement du pays, et/ou étaient mal (ou pas) entretenus et, par conséquent, se dégradaient rapidement.

Même si ces critiques peuvent être justifiées dans certains cas, elles ne signifient pas nécessairement que le modèle de financement utilisé pour ces transactions est déficient. Notre analyse se déroule en trois étapes :

- Premièrement, nous examinons les origines de ce nouveau modèle qu'il serait plus exact, à notre avis, de qualifier de modèle d'« infrastructures financées par des ressources naturelles » (IFR), pour déterminer s'il était vraiment nécessaire de concevoir un nouveau modèle de financement.
- Deuxièmement, nous décomposons et décrivons le modèle IFR et la manière dont il fonctionne en théorie — et dont il peut fonctionner en pratique. Nous réalisons que la mise en œuvre de ce modèle dans un cas particulier et dans des conditions propres à un pays exigera probablement certains ajustements (comme l'exigerait la mise en œuvre de tout autre modèle).
- Troisièmement, nous recensons et décrivons les problèmes structurels, financiers et opérationnels que les autorités nationales, les investisseurs, les bailleurs de fonds et toutes les autres parties prenantes pourraient souhaiter considérer avant d'adopter le modèle IFR pour une transaction particulière.

Nous avons déterminé que le modèle IFR est issu d'autres modèles utilisés depuis des dizaines d'années, voire plus longtemps, par les autorités nationales et les sociétés privées, et qu'il comble certaines insufisances de ces modèles. Ces origines et insuffisances deviendront apparentes lorsque nous décomposerons et décrirons le modèle IFR, ainsi que les précurseurs à partir desquels il a été conçu. En termes succincts, un projet IFR commence par la mise en place d'un régime financier pour la composante de mise en valeur et de production d'une ressource naturelle — comme dans tout projet de mise en valeur d'une ressource de ce type — puis donne lieu à l'établissement d'un mécanisme de crédit dans le cadre duquel l'État promet d'utiliser les flux de revenus qui seront générés par la composante de la ressouce naturelle pour rembourser son emprunt. Ce dernier peut alors utiliser le mécanisme de crédit pour construire des ouvrages d'infrastructure indépendants du projet. La composante d'infrastructure d'une transaction IFR peut être structurée sous forme de projet de passation de marchés publics contrôlé à 100 % par l'État, ou sous diverses autres formes compatibles avec une transaction de partenariat public-privé (PPP).

Nous sommes parvenus à la conclusion que l'utilisation du modèle IFR pose, pour l'essentiel, les mêmes problèmes que les modèles qui lui ont servi de précurseur, et soulève un certain nombre de questions supplémentaires qu'il importe de recenser et d'examiner pour pouvoir mener à bien une transaction IFR. Le modèle n'est, en lui-même, ni meilleur ni pire que les autres modèles de financement. Si les risques et les problèmes qui lui sont associés sont recensés et dûment pris en compte, nous estimons que, dans certaines circonstances, son utilisation peut avoir d'importants avantages pour un pays et ses citoyens, essentiellement parce qu'il crée un mécanisme de financement facilitant la construction d'ouvrages d'infrastructure et, par conséquent, stimule la croissance économique et apporte à la population des avantages sociaux de nombreuses années avant que n'aurait pu le faire un autre modèle. En fin de compte, le succès de toute transaction IFR dépend de la manière dont elle est conçue et mise en œuvre.

CHAPITRE 2

Origines du modèle des infrastructures financées par des ressources naturelles

L'on ne sait pas vraiment si les autorités nationales et les équipes représentant les investisseurs et les prêteurs qui ont négocié les premières transactions maintenant considérées comme une variante du modèle des infrastructures financées par des ressources naturelles (IFR) savaient qu'elles appliquaient un nouveau modèle ou si elles pensaient simplement combiner différents modèles existants d'une manière légèrement différente. Les équipes chargées de négociations étaient sans aucun doute au fait des modèles existants et souhaitaient combler leurs lacunes. En s'efforçant de remédier à ces lacunes dans le contexte particulier de leurs négociations, elles ont abouti à une structure que nous pouvons maintenant, avec le recul du temps, considérer comme la première mouture d'un nouveau modèle — le modèle IFR.

Nous examinons dans ce chapitre les « parents » du modèle IFR, c'est-à-dire les modèles couramment utilisés dans le monde entier bien avant l'apparition du modèle IFR. Nous récapitulons les principales caractéristiques de chaque modèle puis procédons à une analyse SWOT (points forts, points faibles, opportunités, risques) de chacun d'entre eux. À la fin de ce chapitre, nous recensons les lacunes des modèles existants que comble le modèle IFR. Nous mettons l'accent sur le fait que chacun de ces modèles, lors de son application à une transaction particulière, peut être sensiblement modifié de manière à prendre en compte les circonstances particulières à la transaction considérée, ou des considérations plus générales relatives à l'évolution des marchés dans le temps, en fonction de la situation qui prévaut sur les marchés financiers mondiaux.

Modèle traditionnel de mise en valeur des ressources naturelles

Le modèle traditionnel de mise en valeur des ressources naturelles (graphique 2.1) est utilisé de longue date pour les projets d'hydrocarbures, de minerais/minéraux et d'autres projets axés sur les marchés d'exportation. Dans le cas des projets concernant les industries extractives, la transaction est basée sur un régime de permis, généralement fondé sur une loi sur le pétrole ou une loi minière, qui permet à une société de soumettre une demande de permis de prospection et, à terme, d'obtenir des permis de mise en valeur et/ou de production.

Le modèle traditionnel de mise en valeur des ressources naturelles a pour base une loi régissant la mise en valeur des ressources naturelles, qui énonce les procédures que doivent suivre les investisseurs pour solliciter des permis de prospection ou, parfois, soumissionner pour obtenir ces derniers. Dans de nombreux cas, en particulier lorsque les activités de prospection concernent des ressources autres que des hydrocarbures,

Graphique 2.1   Exemple de modèle traditionnel de mise en valeur de ressources naturelles

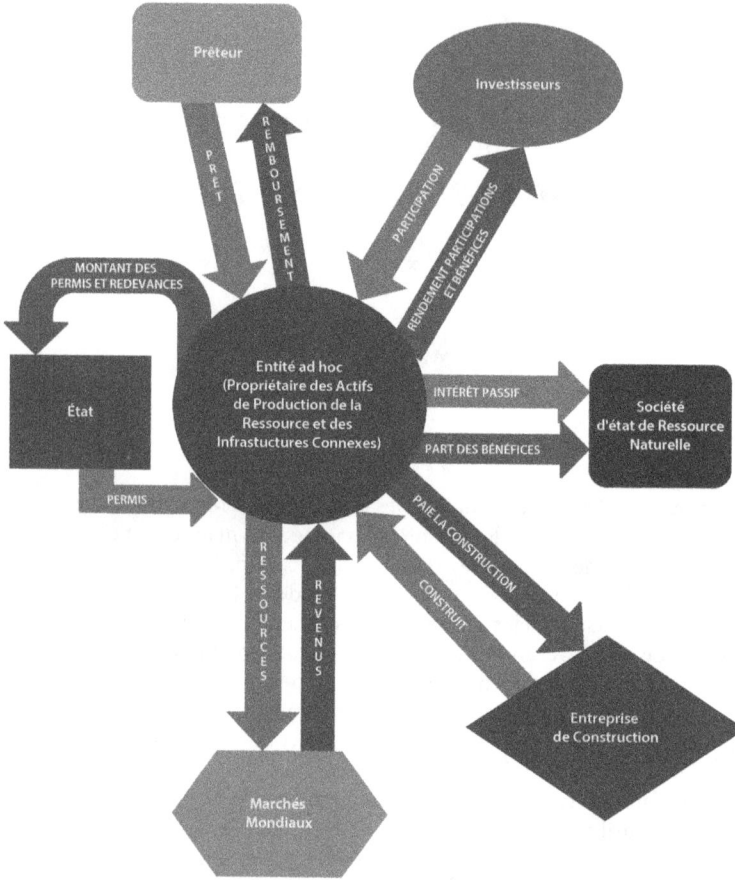

Source : Auteurs.
Note : SPV = Entité ad hoc.

l'investisseur peut déposer une demande de permis de prospection couvrant une certaine zone géographique. Le permis, lorsqu'il est accordé, a une durée déterminée et
reste en vigueur tant que l'investisseur poursuit ses activités de prospection avec diligence. Ces activités sont financées par des investissements sous forme de participations
et sont généralement assorties d'un risque d'échec élevé : même lorsque les indicateurs
géologiques initiaux suggèrent l'existence probable de ressources, il est difficile de trou-
ver·un gisement d'une ampleur ou d'une qualité suffisante pour justifier son exploitation commerciale au moyen des technologies existantes.

Encadré 2.1   L'investisseur

Nous faisons référence dans cette étude à l'« investisseur » ou au « promoteur », ce qui laisse penser
qu'il s'agit d'une unique entité qui participe à l'opération durant les phases préalables à la conception, de conception et d'exécution d'un projet ; cette simplification nous aide en effet à expliquer
les origines du modèle des infrastructures financées par des ressources naturelles (IFR) ainsi que les
questions qui doivent être prises en compte lorsque l'on envisage une transaction IFR. Dans les

suite de l'encadré à la page suivante

Encadré 2.1 L'investisseur *(suite)*

projets effectivement menés dans le cadre de la plupart des modèles, l'investisseur n'est toutefois pas une unique entité immuable. Il peut être un consortium constitué de plusieurs sociétés, et les membres de ce consortium peuvent changer, en particulier lors du passage de la phase de prospection à la phase de mise en valeur, lorsque les transactions concernent des ressources naturelles. L'identité de l'investisseur, dans le cas des transactions effectuées sur la base des modèles de financement sur projet et de partenariat privé-public (PPP), change en général moins fréquemment avant que le projet n'obtienne les financements, en particulier lorsque les dossiers de la transaction limitent la capacité des investisseurs à réduire leurs participations au capital avant l'attribution des marchés pendant toute la durée de la phase de construction et, souvent, pendant une partie de la phase d'exploitation du projet. Lorsque l'identité de l'investisseur change, quelle que soit la transaction, les ressources et les compétences disponibles dans le cadre du projet changent également, de même que les questions soulevées et la position de négociation de l'investisseur.

En règle générale, l'investisseur doit soumettre les résultats de ses activités de prospection aux autorités nationales — dans de nombreux cas, cela signifie également des échantillons de ses activités de forage. Si l'investisseur abandonne ses efforts et son permis de prospection, d'autres parties intéressées peuvent examiner les informations qu'il a communiquées pour décider si elles souhaitent entreprendre ou non de nouvelles activités de prospection dans la zone considérée — éventuellement pour des ressources différentes. Même lorsque la ressource recherchée est localisée, il peut parfois falloir plusieurs années pour pouvoir entreprendre des activités de prospection supplémentaires d'une envergure suffisante pour déterminer la taille vraisemblable du gisement et les coûts probables des opérations d'exploitation et de commercialisation de cette ressource. Dès lors que l'investisseur décide d'aller de l'avant, il soumet une demande de permis de mise en valeur et de production ; s'il décide de ne pas poursuivre ses activités, il renonce à ses droits sur la zone de prospection. *Aux fins de la présente étude, la principale conclusion ressortant de cette analyse est qu'il n'existe aucune possibilité de lancer une transaction IFR tant que l'investisseur dans la ressource est en phase de prospection parce qu'il est impossible de prévoir les flux de revenus qui pourront être générés avant la phase de mise en valeur.*

Dans le secteur des hydrocarbures, en particulier pour la prospection de pétrole et de gaz, de nombreux pays définissent des blocs de prospection qui sont vendus aux enchères ou à prix fixe. Les permis de prospection relatifs à ces blocs exigent du détenteur du permis qu'il poursuive ses activités de prospection avec diligence et de manière continue. Une fois qu'une ressource est détectée, il faut généralement davantage de temps pour déterminer les quantités de ressources existantes avec suffisamment de fiabilité pour permettre à l'investisseur de décider s'il va convertir ou non son permis de prospection en permis de mise en valeur et de production.

Lorsqu'un investisseur s'est assuré qu'il a prouvé l'existence de ressources commercialement viables (qu'il s'agisse d'hydrocarbures ou non), il contacte les autorités du pays hôte et demande à convertir son permis de prospection en permis de mise en valeur et de production. Le processus de conversion du permis est défini par la législation concernant la ressource considérée, et les autorités nationales peuvent généralement négocier avec chaque investisseur dans certains domaines réservés. La conversion du permis de prospection donne parfois lieu à l'attribution de zones de prospection supplémentaires, adjacentes à la zone couverte par le permis de mise en valeur et de production, non seulement pour protéger l'investisseur de la concurrence, mais aussi pour permettre à ce dernier de recouvrer des investissements si la zone de mise en valeur primaire devait générer des quantités de ressources inférieures aux quantités escomptées. Une fois qu'il a obtenu le permis de mise en valeur et de production, l'investisseur apporte le capital (sous forme d'emprunts ou de fonds propres, mais le plus souvent des deux) pour financer les activités de mise en valeur et de production du projet. Les financements requis sont souvent importants, et l'investisseur souhaite, à terme, obtenir un retour sur son investissement (notamment pour rembourser son emprunt) en vendant les ressources sur les marchés mondiaux. Les investissements sont généralement effectués de manière « séparée » : les financements utilisés pour mettre en valeur une ressource particulière (par exemple dans une zone couverte par un permis de production pétrolière) sont remboursés à partir des revenus générés par cette ressource — et les bénéfices sont distribués à partir des revenus dégagés au-delà des montants qui ont été investis et consacrés aux dépenses d'exploitation. Dans le cadre d'une structure type, les revenus provenant de la ressource naturelle sont affectés durant le cycle du projet de manière à assurer en premier lieu le recouvrement intégral des dépenses de mise en valeur ; ce n'est qu'une fois ces dépenses recouvrées que les bénéfices peuvent être distribués. Il est donc probable que l'État ne perçoit que de faibles montants au cours des premières années de la phase de production, mais que les flux de revenus augmentent par la suite. Avant de décider s'il va investir, l'investisseur examine l'évolution future des prix des ressources naturelles indiquée par les modèles, les quantités et la valeur des ressources « prouvées » dans le sol (telles qu'établies durant la phase de prospection) et les coûts d'extraction et de transformation des ressources et du transport des produits vers les marchés mondiaux.

Le rôle de l'État, dans le modèle traditionnel de mise en valeur des ressources naturelles, est essentiellement un rôle de régulateur, qui délivre des permis et veille à l'application de leurs dispositions, bien que certains droits de participation puissent également être réservés à une société d'État. L'État applique les lois environnementales et sociales et les autres réglementations applicables en assujettissant les activités de mise en valeur des ressources naturelles aux mécanismes réglementaires et à ses autres pouvoirs.

Encadré 2.2 Risques associés à un double rôle

Lorsqu'une société d'État dont les activités ont trait aux ressources naturelles devient membre de « l'investisseur », les autorités nationales font partie, fondamentalement, des deux équipes chargées de négocier les permis de mise en valeur et de production des ressources naturelles et de l'application de leurs dispositions. L'État peut assumer ce double rôle lorsque les transactions sont basées sur le modèle des financements sur projet, dans la mesure où il devient une source de financement du projet, détient une partie du capital de ce dernier, et est le seul acquéreur de la production du projet. Il a probablement un double rôle dans les transactions basées sur le modèle du partenariat public-privé (PPP), comme nous le verrons ci-après.

Dans l'optique d'un modèle de transactions, qu'il s'agisse du modèle d'infrastructures financées par des ressources naturelles (IFR), du modèle de financements sur projet ou du modèle PPP, il est aisé d'analyser et de séparer les doubles ou même multiples fonctions de l'État. L'exercice de doubles fonctions peut être une source de revenus supplémentaires lorsque le projet produit des résultats satisfaisants, et il peut aussi permettre aux autorités d'obtenir des informations sur les opérations de la société grâce à leur présence au conseil d'administration.

Malgré les avantages que ce cumul de fonctions peut procurer, l'exercice de doubles ou de multiples fonctions par l'État dans le cadre de transactions importantes peut néanmoins avoir de graves inconvénients à terme, notamment si les autorités ne sont plus incitées à faire respecter les droits conférés par les permis et les contrats, ou les normes environnementales ou sociales, parce qu'elles craignent que la société d'État participant à l'opération ne perde sa part des bénéfices. Ces problèmes se posent de manière particulièrement aiguë lorsque le même ministère public est chargé non seulement de la négociation des permis et des dossiers du projet et de l'application de leurs dispositions, mais aussi de la supervision des opérations de la société d'État.

suite de l'encadré à la page suivante

Encadré 2.2 Risques associés à un double rôle *(suite)*

Un examen approfondi des risques associés au double rôle de l'État dans les grands projets sortirait du cadre de la présente étude, mais nous souhaitons, au minimum, suggérer que les autorités nationales veillent à ce que les mêmes personnes ne soient pas chargées ou responsables, des deux aspects des négociations, ou ne soient tenues d'intervenir lorsque survient une situation qui pourrait être source de confrontation entre l'État et la société du projet.

Les recettes publiques provenant des projets de ressources naturelles revêtent la forme de redevances et d'impôts, et/ou de droits de partage de la production, ainsi que prescrit par la loi et indiqué dans le permis pertinent. L'État peut aussi recevoir des revenus supplémentaires sous forme de dividendes dans la mesure où une société d'État détient des parts du projet ou exerce de toute autre manière des droits de participation réservés, que ce soit sous forme d'intérêts versés ou d'intérêts passifs. Par ailleurs, dans certains pays, le promoteur verse des « primes à la signature » à l'État ou à la société d'État partenaire pour les projets de mise en valeur de ressources naturelles.

Il se peut que, dans un projet d'extraction d'une ressource naturelle, le promoteur effectue des investissements en dehors du site de ressources naturelles pour pouvoir amener sa production jusqu'au marché ou attirer des travailleurs sur le site. Ces investissements peuvent comprendre des routes, des voies ferrées, des oléoducs ou des gazoducs, des installations portuaires, des centres d'hébergement pour les travailleurs, des centres de santé, des commerces et des logements dans les centres d'hébergement des travailleurs, etc. Bien qu'ils puissent présenter certains avantages pour la communauté, ces investissements dans des « infrastructures connexes » ont essentiellement pour objet de faciliter l'extraction des ressources. En règle générale, c'est la société procédant à la mise en valeur des ressources qui paye, exploite et possède les infrastructures connexes (ou conserve le droit de les utiliser) pendant toute la durée du projet d'extraction de ressources.

Une analyse SWOT du modèle traditionnel de mise en valeur des ressources est présentée au tableau 2.1.

Tableau 2.1 Modèle traditionnel de mise en valeur des ressources

Points forts	Points faibles
• Modèle bien connu et bien utilisé dans le monde entier.	• La supervision de l'État est fréquemment limitée en raison des disparités financières entre le promoteur du projet et l'organe de réglementation.
• Compris par les promoteurs, les autorités nationales et les prêteurs.	• Les périodes qui s'écoulent entre la délivrance des permis de mise en valeur et de production et la réception des premiers revenus par l'État sont généralement longues.
• Développement de proximité fréquemment requis dans les zones de mise en valeur des ressources.	
• Investissements réalisés aux frais et aux risques des promoteurs et des prêteurs ; produits vendus sur les marchés mondiaux, de sorte que les autorités nationales ne courent pas le risque d'une fixation des prix à un niveau excessif.	• Les promoteurs ont intérêt à construire les infrastructures connexes dont ils ont besoin mais n'ont aucun intérêt à contribuer d'autres manières à la poursuite des objectifs de développement nationaux.
• Des initiatives mondiales, comme l'Initiative pour la transparence dans les industries extractives (ITIE), s'efforcent d'assurer la transparence.	• La concurrence n'est fréquemment pas possible, en particulier pour les minerais durs. Les blocs de prospection de pétrole/de gaz sont parfois mis aux enchères.
• Les coûts que doivent assumer les États hôtes sont limités — les investissements sont réalisés par les promoteurs.	• Les incertitudes caractérisant les financements peuvent entraîner de longues périodes d'attente avant le début de la phase d'exécution.

suite du tableau à la page suivante

Tableau 2.1 Modèle traditionnel de mise en valeur des ressources *(suite)*

Opportunités	*Risques*
• Les investissements dans les infrastructures connexes peuvent créer des emplois et amener des services dans les zones extérieures à la zone couverte par le permis relatif aux ressources. • Les autorités nationales sont en position de force durant les négociations des permis de mise en valeur et de production.	• Les carences des lois sur les ressources naturelles ou des lois minières peuvent rendre les transactions non transparentes et créer des risques politiques. • Le recours à des « primes à la signature » peut créer une apparence de corruption si les fonds ne sont pas clairement enregistrés dans les comptes nationaux. • Les activités peuvent être sources de troubles civils si la mise en valeur des ressources : i) semble créer des richesses importantes pour les promoteurs des projets de ressources avant que la population ne commence en tirer des avantages, ou ii) semble ne procurer aucun avantage à l'échelle locale (par opposition à l'échelle nationale).

Source : Auteurs.

Modèle traditionnel d'achat d'infrastructures par l'État

Les États achètent et construisent de longue date des infrastructures pour leurs citoyens. Ces projets sont financés par les recettes fiscales, par l'émission d'obligations et, parfois, par des emprunts auprès de banques. Les pays en développement ont depuis longtemps recours à des dons et à des financements concessionnels (notamment de la Banque mondiale) pour développer leurs infrastructures. Dans le cas des pays riches en ressources naturelles et exploitant ces dernières, les recettes générées par les redevances et par les taxes versées à l'État ainsi que les dividendes revenant à la société d'État participant aux opérations d'extraction peuvent financer d'importants investissements dans les infrastructures.

Dans le modèle traditionnel d'achat d'infrastructures par l'État (graphique 2.2), il n'y a pas de promoteur privé, et lorsqu'il est fait appel à des fonds souverains, il n'est pas nécessaire de concevoir un modèle financier pour démontrer aux prêteurs ou aux investisseurs que chaque investissement dans les infrastructures produira des recettes suffisantes pour « rembourser » l'investissement. Un grand nombre des ouvrages d'infrastructure de base (comme les routes, les écoles, les réseaux de distribution d'électricité et les hôpitaux) peuvent ne pas produire directement de recettes importantes, mais être considérés, de manière générale, comme des éléments essentiels à la croissance économique — de sorte qu'ils génèreront à terme, indirectement, davantage de recettes fiscales. Les autorités peuvent décider quelles seront les infrastructures qui seront construites et à quel moment elles le seront — à supposer qu'elles disposent, ou qu'elles puissent emprunter, les fonds nécessaires pour financer les investissements.

Les autorités peuvent imposer directemment un système de concurrence au niveau des marchés de construction, en lançant elles-mêmes des appels d'offres, notamment, pour les marchés d'ingénierie-approvisionnement-construction (IAC) et les contrats de services d'ingénieurs conseils indépendants. Mais elles peuvent aussi demander à des sociétés d'État de conception et construction (par exemple sous la supervision d'un ministère des routes) de mettre directement en œuvre le projet. Même dans ce cas, il est probable que la concurrence jouera au niveau de l'acquisition des matériels, des équipements et des matériaux bruts. L'efficacité du processus d'appel à la concurrence à tous les niveaux dépend de la manière dont sont établis les dossiers d'appels d'offres et de la transparence du processus suivi conformément à la législation sur la

Graphique 2.2 Exemple de modèle traditionnel d'acquisition d'infrastructure par l'État

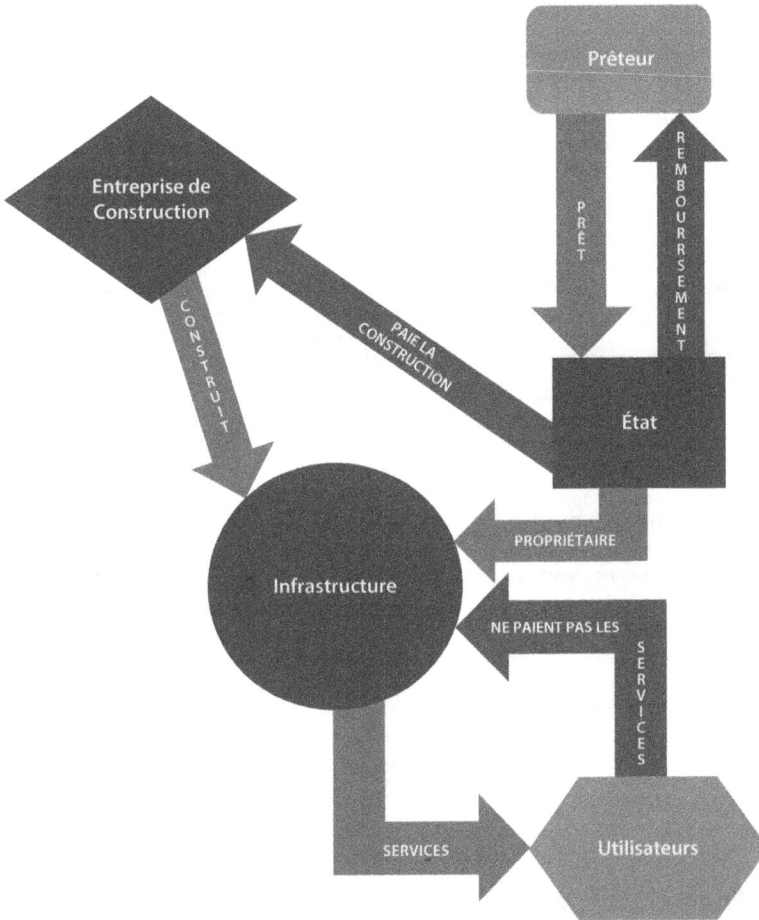

Source : Auteurs.

passation des marchés publics applicable. Lorsque les projets sont financés par des prêteurs ou par des bailleurs de dons, les sources de financement peuvent également imposer des conditions au niveau des processus d'appel d'offres et/ou exiger la présence de consultants pour superviser les travaux de construction, souvent dans le cadre d'une aide liée.

Lorsqu'il participe aux opérations, le secteur privé sert de maître d'œuvre à l'État. Des sociétés de construction peuvent, par exemple, soumissionner pour construire des routes ou des bâtiments sans investir de capital dans le projet. Il est arrivé, aussi bien dans les pays développés que dans les pays en développement, que des actes de corruption aient été commis, et que les prix des marchés attribués aient été gonflés en échange du versement de dessous-de-table à des représentants de l'État et à des politiciens corrompus. L'existence d'une robuste législation régissant la passation des marchés publics et de procédures de soumission transparentes peut contribuer à faire obstacle à de telles activités.

Une analyse SWOT du modèle traditionnel d'achat d'infrastructures par l'État est présentée au tableau 2.2.

Tableau 2.2 Modèle traditionnel d'achat d'infrastructures par l'État

Points forts	Points faibles
• Les autorités peuvent décider quels ouvrages d'infrastructure construire et à quel moment. • Les projets d'infrastructure peuvent être justifiés au regard de la croissance économique, abstraction faite des revenus monétaires générés par chacune de ses composantes. • La concurrence peut jouer au niveau du recrutement des entrepreneurs de construction ou de l'acquisition d'équipements et de matériels.	• La capacité de construire des ouvrages d'infrastructure dépend de la disponibilité des fonds, que ceux-ci proviennent des recettes fiscales ou d'emprunts. • Les emprunts de l'État à des conditions concessionnelles sont fréquemment destinés à la construction de nouveaux ouvrages d'infrastructure plutôt qu'à l'entretien ou à l'exploitation prudente des actifs existants. • Certains fonds sous forme de dons sont affectés à de grands projets inutiles qui, fréquemment, ne sont pas bien entretenus après leur construction.
Opportunités	**Risques**
• L'emploi par l'État d'ingénieurs conseils indépendants pour superviser la construction peut améliorer la qualité de cette dernière. • Une analyse robuste des coûts et des avantages de chaque projet peut assurer que l'infrastructure est développée de manière prudente et conformément à un ordre de priorité adéquat. • Un processus bien organisé d'approbation des projets et des entrepreneurs contribuait à améliorer la transparence et l'inclusion des parties prenantes, et à obtenir l'adhésion des milieux politiques et des membres de la population.	• Il existe un risque de corruption, car les responsables de l'État chargés de l'administration des projets de construction peuvent être tentés par l'offre de pots-de-vin. • Des procédures de passation de marchés publics inadéquates peuvent se traduire par l'attribution non transparente de marchés. • Accepter des prêts dans le cadre d'une « aide liée », même à des conditions concessionnelles, peut accroître les coûts des projets d'infrastructure. • L'accent est mis sur la construction de nouvelles infrastructures plutôt que sur l'entretien des actifs existants, ce qui peut entraîner une rapide détérioration des actifs d'infrastructure.

Source : Auteurs.

Modèle du financement sur projet

Le modèle du financement sur projet (graphique 2.3) est plus récent que les précédents. Il est devenu le principal modèle employé pour attirer des capitaux privés dans des opérations d'infrastructure dans les pays en développement jusqu'à la fin des années 80 et reste très utilisé dans des situations caractérisées par toute une gamme de conditions de marchés du crédit, de marchés de construction et de types de projets que l'État décide de sous-traiter au secteur privé. Il constitue également un modèle de financement essentiel employé par le secteur privé dans le monde entier pour procéder à des investissements à des fins autres que la construction d'ouvrages d'infrastructure.

Avant la conception du modèle de financement sur projet, les sociétés formulaient leurs projets en fonction de la solidité de leur bilan. Chaque projet entrepris donnait lieu : i) à la vente d'actions de la société, ii) à l'emploi de bénéfices mis en réserve au niveau de toutes les activités de la société, et/ou iii) à la contraction d'emprunts par la société par le biais de l'émission d'obligations ou d'inscription d'une dette bancaire au bilan de la société. Il était ainsi possible à une société d'utiliser tous ses actifs pour mobiliser des ressources à l'appui de la poursuite de nouvelles opérations ou de l'expansion d'activités en cours, mais cela signifiait aussi que toute nouvelle activité d'envergure constituait un « pari sur la société ». Confronté au risque que toute nouvelle activité puisse amener leur société à faire faillite, certains conseils d'administration ont été enclins à agir avec une prudence extrême, ce qui a entravé l'expansion et l'innovation. Le modèle du financement sur projet permet, par contre, à une société de protéger son bilan en limitant son engagement aux

Graphique 2.3 Exemple de modèle traditionnel de mise en valeur de ressources naturelles

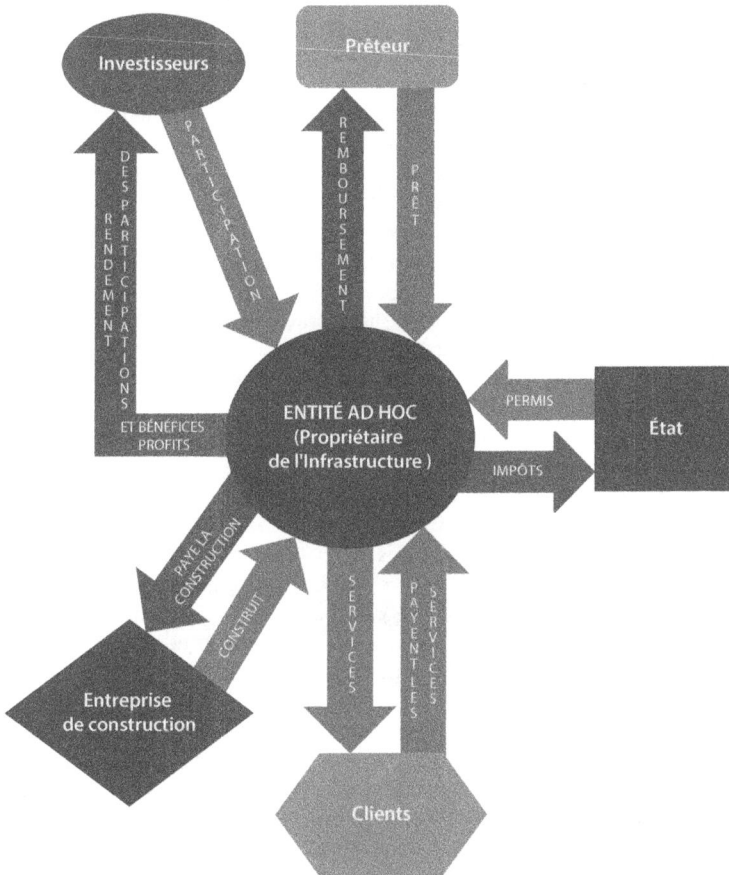

Source : Auteurs.
Note : SPV = Entité ad hoc.

investissements effectués dans chaque projet de sorte que l'échec d'un projet particulier ne peut pas entraîner une perte supérieure au capital engagé dans le projet en question. Cette innovation a permis aux sociétés établies de procéder à des investissements dans de nouvelles activités ou dans de nouveaux sites tout en protégeant le reste de leur bilan.

Après un temps, le modèle du financement sur projet a également été adopté par de nouveaux promoteurs dynamiques et de taille plus limitée, en mesure de lever suffisamment de fonds sous forme de participations et d'emprunts pour financer un projet. Ces promoteurs réunissent les compétences techniques requises par le projet ; les compétences financières nécessaires pour créer les dossiers d'un projet viable sur le plan financier, conçu pour générer des flux de trésorerie positifs pendant l'intégralité du cycle d'exploitation du projet ; et les compétences administratives nécessaires pour gérer l'opération de manière efficace durant les phases de conception, de construction et d'exploitation.

Dans le cas des transactions relatives aux infrastructures effectuées dans le cadre du modèle de financement sur projet, un promoteur ou les autorités nationales commencent par identifier et à définir un projet d'infrastructure auxquels le secteur privé peut participer. Le promoteur intéressé structure le projet de manière à protéger son bilan d'un engagement illimité envers le projet, et analyse donc la viabilité du projet, considéré de manière indépendante, au cours des années. Cette protection signifie que le projet doit produire, ou être censé produire sur la base des projections, des recettes suffisantes sur une base mensuelle pour : i) couvrir ses coûts d'exploitation, et ii) générer un rendement de l'investissement. En d'autres termes le projet doit être considéré pouvoir produire des revenus suffisants pour justifier l'investissement et des flux de trésorerie réguliers de manière à assurer le paiement des dépenses mensuelles. Les promoteurs, leurs prêteurs et les autorités nationales savent tous que, si les recettes générées ne sont pas suffisamment élevées ou ne sont pas suffisamment régulières pour assurer le paiement des factures mensuelles — que ce soit parce que les prestations du promoteur (ou de ses entrepreneurs) ont été défaillantes au stade de la conception, parce que les acheteurs n'acquittent pas leurs factures (en particulier lorsqu'une entité publique est le seul acquéreur, comme c'est le cas pour un projet de production d'électricité indépendante vendant à une société de distribution d'électricité appartenant à l'État), ou pour toute autre raison (par exemple un cas de force majeure de durée prolongée) — le projet lui-même échoue. Dans ce cas le promoteur, l'État ou toute autre entité n'a d'autre recours que ceux prévus dans les dossiers de la transaction. C'est pourquoi les projets sont invariablement entrepris par une « entité ad hoc », c'est-à-dire une société constituée et financée uniquement aux fins du projet.

Le modèle de financement sur projet ressemble au modèle traditionnel de mise en valeur des ressources durant les phases de mise en valeur et de production mais, sinon, diffère sensiblement de ce modèle. Dans le cas des projets concernant des ressources naturelles, les travaux de prospections initiaux, qui peuvent exiger des capitaux importants, sont financés intégralement par des prises de participation, et les possibilités d'appel à la concurrence sont très limitées sauf, comme indiqué précédemment, pour certaines activités de prospection de pétrole/de gaz. Lorsqu'un promoteur de projets axés sur les ressources naturelles détient un permis de prospection et trouve un gisement, il a normalement le droit de convertir ce permis en un permis de mise en valeur et de production, auquel cas le projet peut alors être considéré finançable du fait de l'existence de ressources probables, sinon prouvées. Le montant des investissements initiaux sous forme de participations requis avant que le projet ne puisse être considéré finançable est toutefois généralement bien moins élevé dans le modèle de financement sur projet que dans le cas de la délivrance d'un permis de prospection d'une ressource naturelle, et il dépend essentiellement de l'identification d'un projet acceptable, de la constitution du dossier nécessaire (permis inclus) et de l'établissement d'un modèle financier faisant état de flux de trésorerie positifs dans des scénarios faisables.

Le rôle des autorités publiques dans une transaction basée sur le modèle du financement sur projet consiste, fondamentalement, à délivrer les permis nécessaires, puis à permettre le déroulement et l'exécution du projet. Les autorités peuvent aussi fréquemment être responsables de la passation des marchés publics, que ce soit directement ou par le biais d'un organisme, en particulier lorsqu'une entreprise d'État doit être le seul acquéreur de la production du projet (comme dans l'exemple d'un projet de production d'électricité indépendante mentionné précédemment). Dans les pays en développement, lorsque l'acquéreur n'est pas lui-même solvable (et que, par conséquent, l'entité ad hoc ne peut pas être considérée solvable sur la base des engagements pris par l'acquéreur de régler les factures dans le cadre d'un contrat d'achat), la garantie de l'État est souvent nécessaire pour assurer le financement du projet. Toutefois, les produits des projets basés sur le modèle de financement sur projet sont souvent utilisés dans le pays, en particulier lorsqu'il s'agit de projets d'infrastructure. Les autorités accordent de ce fait plus d'importance aux tarifs de ces produits, qu'ils veulent maintenir à un niveau abordable, qu'à ceux des produits des projets basés sur le modèle de financement des infrastructures à partir des ressources naturelles qui sont généralement vendus sur les marchés mondiaux.

Lorsqu'une transaction relative à un financement sur projet est entreprise par le secteur privé, les recettes de l'État proviennent essentiellement des impôts sur les bénéfices des sociétés. Lorsque le projet a une composante de ressources, comme c'est le cas pour une centrale électrique au charbon installée à proximité de la mine, ou d'une centrale à turbine à gaz alimentée par du gaz naturel local, l'État devrait également percevoir des redevances pour l'extraction des ressources (comme ce serait le cas pour une transaction basée sur le modèle de la mise en valeur de ressources naturelles décrit précédemment). Toutefois, pour l'État, ce type de projet a pour principal avantage de lui permettre de bénéficier de la construction d'ouvrages d'infrastructure — qui fournissent des services que les citoyens du pays sont prêts à payer — sans avoir à utiliser ses propres fonds. Autre avantage pour l'État, le propriétaire du secteur privé aura intérêt à effectuer des paiements réguliers au titre de l'exploitation et de l'entretien pendant toute la phase d'investissement prévue dans le projet. Pour maintenir à faible niveau les charges imposées aux citoyens, en particulier dans les premières années d'exploitation durant lesquelles le service de la dette est élevé, l'État accorde souvent des trèves fiscales qui maintiennent le coût des produits ou des services fournis par l'entité ad hoc à un niveau abordable, ou bien rétrocède des financements concessionnels de manière à abaisser les prix demandés pour les services.

Une analyse SWOT du modèle de financement sur projet est présentée dans le tableau 2.3.

Tableau 2.3 Modèle de financement sur projet

Points forts	*Points faibles*
• L'État peut obtenir des services d'infrastructure sans avoir à engager d'importantes ressources publiques. • La participation du secteur privé permet de bénéficier de compétences spécialisées dans le domaine de la conception et de l'exploitation. • Le recours au flux de trésorerie générés par le projet pour rembourser les investissements incite le propriétaire à entretenir les actifs durant leur durée de vie économique. • Le modèle est bien connu des investisseurs, des prêteurs et des autres parties prenantes.	• Les investissements dans des ouvrages d'infrastructure doivent être basés sur des prévisions faisant état de flux de trésorerie réguliers et en temps opportun pour pouvoir bénéficier de financements. • Ne produit pas de résultats satisfaisants lorsque les projections des revenus générés par le projet sont nulles ou insuffisantes en l'absence d'un appui/de subventions de l'État. • Difficiles à structurer lorsque les flux de trésorerie sont irréguliers ou « concentrés ». • Il est nécessaire de procéder à d'importants travaux préparatoires pour définir le projet avant de lancer un appel d'offres, et notamment de définir les objectifs stratégiques fondamentaux.
Opportunités	*Risques*
• Des projets bien structurés dans des secteurs dans lesquels les projections des revenus sont propices aux investissements sont attractifs pour les investisseurs et les prêteurs. • Les innovations financières et commerciales offrent la possibilité de poursuivre d'autres projets. • Les autorités qui préparent des dossiers d'appel d'offres de manière satisfaisante, et offrent un appui adéquat, attirent des offres compétitives.	• Des projets mal structurés peuvent engendrer des coûts que la population n'a pas les moyens d'acquitter. • Des dossiers d'appel d'offres mal préparés peuvent réduire l'intérêt des investisseurs ou entraîner d'importants délais entre le lancement des appels d'offres et l'obtention de financements. • Exige de solides cadres juridiques et politiques pour assurer la transparence des procédures d'appel d'offres et fournir des assurances aux investisseurs et aux prêteurs.

Source : Auteurs.

Modèle du partenariat public-privé

Le modèle PPP (graphique 2.4) des transactions relatives aux infrastructures est le plus récent — ou plus exactement le plus récemment nommé — des quatre modèles de financement des infrastructures qui ont été les précurseurs du modèle IFR. L'expression *modèle PPP* est couramment employée depuis 10 à 15 ans pour désigner un modèle de

Graphique 2.4 Exemple de modèle de partenariat public-privé

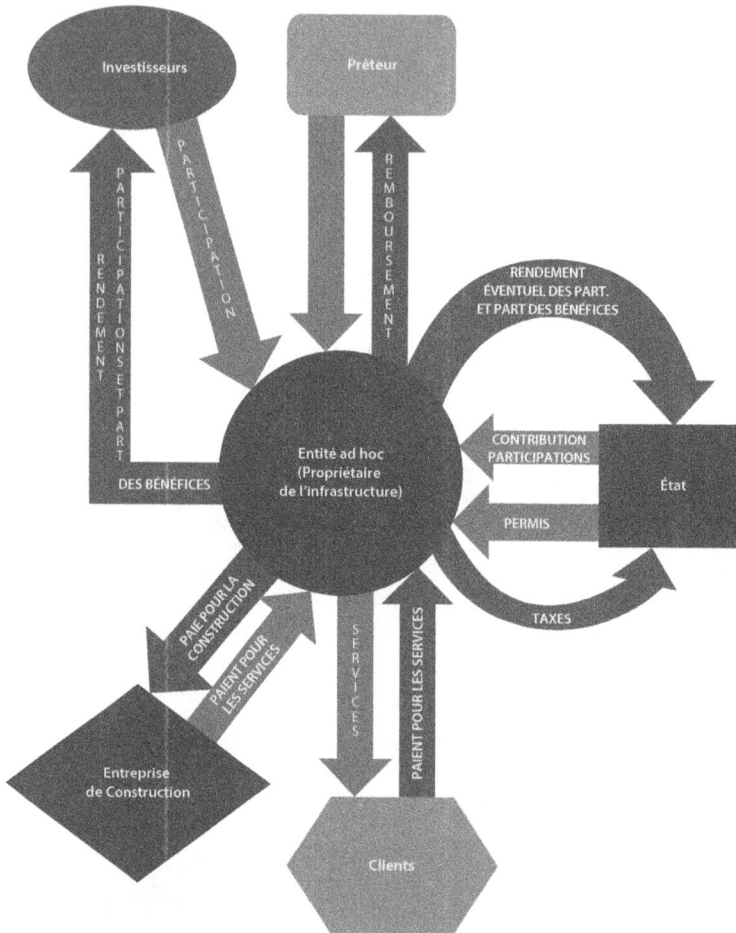

Source : Auteurs.
Note : SPV = Entité ad hoc.

projet autonome. Ce modèle ressemble au modèle de financement sur projet et peut être considéré comme l'une de ses variantes, mais il accorde une plus grande place à l'État du début à la fin de l'opération. Il est fréquemment utilisé lorsqu'une transaction basée sur le modèle de financement sur projet a été envisagée, mais ne convient pas parce qu'il est nécessaire de couvrir des risques au niveau du projet que seul l'État est en mesure d'assumer. C'est un modèle extrêmement souple parce qu'il peut être appliqué de très nombreuses manières.

Dans le cadre d'un modèle PPP, l'État décide d'inviter le secteur privé à participer à un projet (en apportant son concours financier et ses compétences spécialisées) et peut offrir d'investir à ses côtés lorsque les circonstances s'y prêtent. Le modèle PPP peut être considéré comme un prolongement du système français de la « concession » des services d'utilité publique conçu il y a de nombreuses années. Dans ce système, un organisme d'État ou une municipalité contrôlant une compagnie de services d'utilité publique (par exemple un réseau d'approvisionnement en eau) décide d'en confier l'exploitation et l'entretien au secteur privé, et de transférer la responsabilité des investissements entrepris pendant une période de plusieurs années. La « concession » qui en résulte est un PPP pour la fourniture de ces services. Dans d'autres cas, l'État peut proposer de transférer des terrains ou d'autres actifs, en même temps que des permis « gratuits », en échange de la détention de parts du capital de l'entité ad hoc. Le modèle PPP, comme le modèle de financement sur projet, peut donner lieu à un appel à la concurrence. Selon la manière dont les composantes de la transaction sont structurées, les revenus ne doivent pas nécessairement couvrir l'intégralité de l'investissement tant qu'ils permettent de financer les dépenses d'exploitation et d'entretien du projet, le service de la dette des emprunts contractés au nom de l'entité ad hoc et le rendement de l'investissement du promoteur sous forme de participations.

Les promoteurs sont attirés par toute la gamme des projets poursuivis sur le modèle PPP dans de nombreux pays. Dans certains cas, un projet PPP n'est guère plus qu'un contrat de gestion pour une entreprise particulière. À l'autre extrême, il peut être pratiquement identique à un projet conçu sur la base d'un modèle de financement sur projet, car nombre de ces derniers doivent faire appel à l'État, par exemple pour pouvoir utiliser un site industriel ou une installation existante en échange d'une participation minoritaire au capital. En fin de compte, aussi bien le promoteur privé que l'État peuvent déclarer qu'ils agissent en tant que « partenaires » pour fournir des services d'infrastructure dans une transaction d'infrastructure basée sur le modèle PPP. C'est cette souplesse qui confère au modèle sa robustesse et son utilité.

Une analyse SWOT du modèle PPP de transactions relatives aux infrastructures est présentée dans le tableau 2.4.

Tableau 2.4 Modèle de partenariat public-privé

Points forts	Points faibles
• Modèle extremement souple qui laisse suffisamment de latitude pour structurer des transactions de manière à répondre aux besoins de l'État et d'autres parties prenantes.	• La souplesse du modèle signifie que chaque transaction doit être soigneusement conçue au cas par cas — il importe d'analyser avec soin de multiples modèles de PPP.
• La participation de l'État peut réduire le risque tel que perçu par l'investisseur privé.	• Il est nécessaire d'obtenir un appui de l'État pour le projet lorsque la transaction n'est pas financée par les flux de revenus générés par le projet en question.
• Un partage des risques approprié peut limiter l'exposition de l'État au risque associé à de piètres prestations de l'investisseur privé, et l'exposition de l'investisseur privé aux risques économiques ou du marché qui échappent à son contrôle.	• Les projets produisant de mauvais résultats peuvent devoir bénéficier d'un important appui de l'État, à moins que ce dernier ne soit prêt à laisser le projet échouer.
Opportunités	**Risques**
• La souplesse du modèle permet aux autorités d'obtenir les compétences spécialisées et administratives du secteur privé dans des domaines auxquels ce dernier n'avait jusque là pas accès.	• Des projets mal préparés et/ou exécutés peuvent se traduire par des bénéfices excessifs pour le partenaire du secteur privé et/ou l'obtention de résultats inadéquats dans le cadre des contrats de service.
• L'État obtient les meilleurs résultats possibles en assurant la transparence du processus d'appel d'offres et en préparant avec soin les projets.	• Le fait que l'État soit partenaire ne l'exempte pas de l'obligation de procéder au suivi du projet et d'exercer un contrôle règlementaire.
• La mobilisation de l'expérience du secteur privé à l'appui d'objectifs stratégiques déterminés de l'État améliore la viabilité du projet.	• Les projets produisant de mauvais résultats peuvent entraîner la faillite de la société du projet à moins que les investisseurs qui ont apporté des capitaux, les prêteurs ou l'État n'apportent des financements supplémentaires.

Source : Auteurs.

Que faire pour remédier aux failles ?

Nous venons d'examiner quatre modèles qui étaient employés lorsque le modèle IFR est apparu. Il est évident que ces modèles ont été utiles pour de nombreux projets, mais il est tout aussi évident qu'ils ne sont pas parvenus à combler toutes les failles rencontrées. Quelles sont donc ces failles ?

- Le modèle traditionnel de la mise en valeur des ressources naturelles est un excellent moyen pour les pays de monétiser leurs ressources naturelles, et d'obtenir des fonds pour mettre en place des infrastructures publiques. ***Toutefois***, le temps qui s'écoule entre « le premier coup de pioche » donné pour extraire les ressources et l'amorce des « flux de revenus » que l'État peut utiliser pour obtenir des infrastructures est souvent proche de 10 ans. C'est là la faille de ce modèle et il faut, pour y remédier, trouver le moyen de permettre à l'État d'obtenir des infrastructures sans avoir à attendre le début de la phase de génération de revenus.
- Le modèle traditionnel de l'acquisition d'infrastructures par l'État offre à ce dernier un moyen manifeste de choisir et d'obtenir des infrastructures — mais uniquement dans la mesure des fonds dont il dispose. L'État peut devoir justifier les investissements aux bailleurs de fonds et à d'autres prêteurs éventuels sur la base d'un modèle de croissance économique ou d'autres paramètres généraux de bien-être ou de santé, mais il ne lui est pas nécessaire de prouver que l'investissement générera lui-même directement des revenus. ***Toutefois,*** la capacité des pays en développement d'obtenir des ressources, même par le biais d'emprunts souverains, était limitée, et de nombreux pays en développement — bien que richement dotés de ressources naturelles — n'étaient plus en mesure de lever des fonds au moyen de ce modèle. Pire encore, dans de nombreux cas, les bailleurs de fonds étaient prêts à financer la construction des ouvrages d'infrastructure (et encourageaient même les pays à utiliser les fonds disponibles à cette fin) mais peu d'attention ou d'efforts étaient déployés pour assurer leur pérennité. Par suite de la piètre qualité des activités d'exploitation et d'entretien, de nombreux ouvrages d'infrastructure construits dans le cadre de projets onéreux se sont donc dégradés, et les pays se sont retrouvés avec des infrastructures inutilisables et de lourdes dettes souveraines. C'est là la faille de ce modèle et il faut, pour y remédier, trouver le moyen de permettre à l'État d'obtenir des infrastructures pour assurer des services essentiels même s'il ne peut pas lever ou emprunter des fonds sur une base souveraine.
- Le modèle du financement sur projet est un excellent moyen, pour un pays, d'attirer des investissements dans des ouvrages d'infrastructure sans recours auprès de l'État, car le secteur privé assume le risque de l'achèvement et de l'exploitation du projet, mais seulement lorsque les flux de trésorerie sont suffisants pour financer les coûts d'exploitation et d'équipement du projet en temps voulu. Ce modèle est par conséquent très utile lorsqu'il s'agit de financer, par exemple, des investissements dans les télécommunications, l'électricité, le tourisme et les installations aéroportuaires, car l'on peut espérer que la clientèle appartenant à la classe moyenne et aux milieux d'affaires paieront pour les services correspondants et que le secteur privé sera en mesure de gérer les risques de bonne fin et d'exploitation du projet. ***Toutefois***, les habitants des pays en développement ont besoin de nombreux services essentiels, notamment d'eau potable, d'écoles primaires et de meilleures routes. Les autorités publiques savent que la fourniture de ces services essentiels stimulera la croissance économique, ce qui permettra d'accroître les revenus et, par conséquent les recettes fiscales, mais elles savent également que, avant que la croissance ne démarre, de nombreux citoyens n'auront pas les moyens de payer ces services essentiels. C'est là la faille de ce modèle et il faut, pour y remédier, trouver le moyen de permettre à l'État

d'obtenir des infrastructures avec la participation du secteur privé, sans recours, et sans pouvoir espérer que le projet permettra de couvrir le coût de l'investissement.

• Le modèle PPP offre un moyen clair et souple à l'État d'attirer des investissements dans l'infrastructure. Les risques de bonne fin et d'exploitation sont assumés par le secteur privé pour les projets qui génèrent des flux de trésorerie bien définis (que ce soit à partir des recettes générées par le projet, d'une autre source de revenus déterminée, par suite de l'engagement pris par l'État d'effectuer des paiements, ou d'un ensemble de sources), d'un montant suffisant pour financer les coûts d'exploitation et d'équipement du promoteur. La souplesse de ce modèle a inspiré une large gamme de démarches créatrices, de sorte que ce modèle est plus utile pour les projets produisant des recettes marginales, ou dans le cadre desquels l'État peut contribuer des actifs existants pour abaisser les coûts d'équipement du projet et, partant, les frais retombant sur les utilisateurs. ***Toutefois***, pour aussi souple que soit ce modèle, même dans le cas des projets poursuivis sur cette base, les investissements doivent finalement être remboursés, et des flux de trésorerie sûrs et prévisibles émanant d'une source déterminée, même s'il s'agit de l'engagement de l'État de régler des manques à percevoir, est nécessaire pour obtenir un financement. C'est là la faille de ce modèle et il faut, pour y remédier, trouver le moyen de permettre à l'État d'identifier des flux de trésorerie pouvant financer les infrastructures sans recours tout en permettant de conserver la souplesse inhérente du modèle PPP de manière à bénéficier de la participation du secteur privé à la fourniture de services publics essentiels.

La conception du modèle IFR a été motivée par la nécessité de remédier à ces failles dans le cadre de projets réunissant un pays dont l'État cherchait à mettre de nouveaux ouvrages d'infrastructures à la disposition de la population, un promoteur de ressources naturelles souhaitant ardemment obtenir accès à des ressources naturelles et un prêteur enclin à consentir des prêts pour faciliter la réalisation de ces deux objectifs.

CHAPITRE 3

Infrastructures. Financées.
Par des ressources naturelles.

Le modèle des infrastructures financées par des ressources naturelles (IFR) (graphique 3.1) est un mécanisme par lequel l'État peut obtenir des infrastructures essentielles sans avoir à produire des recettes suffisantes pour assurer son financement. Ce modèle peut être utilisé lorsque l'État veut s'assurer la participation du secteur privé à un projet, mais souhaite également que le projet soit réalisé sans droit de recours ou avec un droit de recours limité pour protéger le Trésor public des risques de crédit. Il peut être utilisé lorsque l'État n'a pas les fonds nécessaires pour investir à l'époque considérée, et ne peut pas emprunter sur une base souveraine, peut-être en raison de conditions imposées par le Fonds monétaire international (FMI) ou d'autres organismes bailleurs de fonds. Il peut être utilisé lorsque le pays a des ressources naturelles et que les autorités délivrent des permis de mise en valeur et de production à un promoteur privé et, dans le cadre de ce processus de délivrance de permis ou, peut-être, conjointement ou après l'octroi du permis, elles peuvent emprunter sur la base des flux de revenus que le projet de mise en valeur des ressources naturelles devrait générer.

Fondamentalement, le modèle IFR suit un processus interconnecté en trois étapes consistant à :

- Convenir d'un permis de mise en valeur et de production avec un promoteur de ressources naturelles désireux de convertir son permis de prospection en permis de mise en valeur et de production. Une fois ce permis délivré, il importe de clairement établir le calendrier des activités de mise en valeur, de même que le régime financier en vertu duquel l'État recevra des flux de revenus déterminés une fois que les activités de production des ressources naturelles auront commencé. Ces flux de revenus peuvent comprendre des crédits au titre du partage de la production ou des redevances, d'autres recettes fiscales, et les dividendes dus à toute entité appartenant à l'État détenant une participation au capital du projet.
- Promettre de transférer tout ou partie des flux de revenus devant être versés à l'État par le projet de production de ressources à un prêteur pour rembourser les montants dus dans le cadre du mécanisme de crédit (principal et intérêts échus) uniquement à partir des flux de revenus engagés. Par exemple, l'État peut n'engager que les redevances perçues sur la production, ou engager la totalité des revenus qu'il tire du projet. Dans certains cas, en particulier dans le cadre des accords de partage de la production d'hydrocarbures, les actifs engagés peuvent comprendre les droits qu'il détient (directement ou par l'intermédiaire d'une société pétrolière nationale) sur les revenus tirés de la vente de sa part « des dépenses de prospection et d'investissement de pétrole ou de gaz » et des « droits aux bénéfices tirés du pétrole ou du

Graphique 3.1 Exemple de modèle d'infrastructures financées par des ressources naturelles lorsque l'État est propriétaire de la composante de l'infrastructure

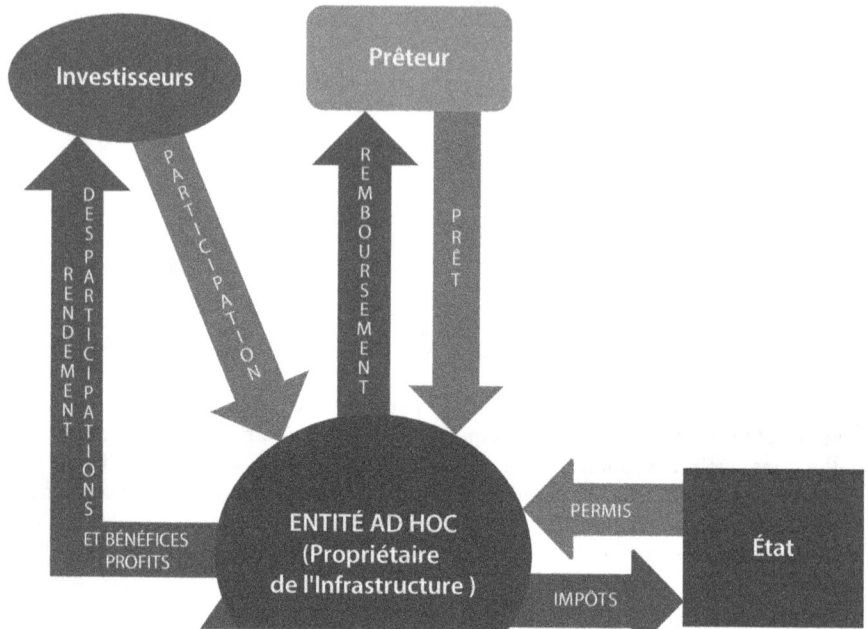

Source : Auteurs.
Note : SPV = Entité ad hoc.

gaz ». Plus les flux de revenus engagés sont importants, plus le crédit que peut obtenir l'État dans le cadre du mécanisme établi est élevé.

• Recourir au mécanisme de crédit de l'État pour obtenir des ouvrages d'infrastructure en passant des marchés avec des entités spécialisées dans la conception et la construction d'ouvrages d'infrastructure particuliers. Le mécanisme de crédit apporte les ressources nécessaires pour financer les travaux de construction et, éventuellement, les dépenses d'exploitation et d'entretien de l'ouvrage, et la dette est remboursée au moyen des flux de revenus générés par le projet de production de la ressource naturelle qui ont été promis à cette fin. Lorsque la dette est remboursée, ou lorsque les revenus générés au cours d'une année dépassent le montant des remboursements devant être effectués au cours de l'année en question, les ressources excédentaires dégagées par le projet sont versées à l'État.

Encadré 3.1 Trois contreparties de l'État pour un projet ?

Comme indiqué précédemment, lorsqu'un pays a recours au modèle des infrastructures financées par les ressources naturelles (IFR), les autorités doivent passer des accords distincts avec un promoteur de projets de ressources naturelles (pour le permis de mise en valeur et de production), avec un prêteur (pour le mécanisme de crédit) et avec la société chargée du projet d'infrastructure (pour la composante d'infrastructure). Il est important que les parties prenantes considèrent ces composantes séparément, de même que les intérêts et les risques particuliers de chaque partie durant les

---

suite de l'encadré à la page suivante

Encadré 3.1 Trois contreparties de l'État pour un projet ? *(suite)*

phases de conception, de négociation et d'exécution. Envisager une transaction IFR en tant que série interconnectée de trois interactions place manifestement les autorités publiques au cœur, et aux contrôles, du processus.

L'expérience montre toutefois, à ce jour que, lorsque les autorités nationales commencent à négocier des transactions IFR, les trois contreparties ont souvent déjà formé des alliances et coordonné leurs positions. Parfois, le promoteur du projet de ressources naturelles assume la responsabilité de la coordination de la construction de l'ouvrage d'infrastructure. Dans certains cas, le prêteur offre des financements concessionnels à condition qu'il soit fait appel à certains entrepreneurs — alors que ces derniers ne sont peut-être pas les plus qualifiés pour le type d'ouvrage dont a besoin l'État. Parfois, les négociations commencent au niveau intergouvernemental et une offre d'investissement étranger direct (IED) est présentée, qui couvre à la fois la production de la ressource naturelle et la construction de l'ouvrage d'infrastructure, dans le cadre d'une « opération globale » financée par une banque de développement nationale.

Il n'est guère surprenant qu'un pays souhaite promouvoir les intérêts de ses propres sociétés d'extraction de ressources naturelles et de construction sur les marchés étrangers, et cherche à utiliser l'aide publique au développement pour promouvoir ses intérêts commerciaux. Le pays d'accueil, quant à lui, doit s'efforcer de protéger ses intérêts nationaux. Il se peut que le consortium proposé par les investisseurs dans le cadre de l'opération globale soit la meilleure solution pour la transaction. Il est aussi possible que le promoteur des ressources soit le mieux placé pour procéder à la construction de l'ouvrage d'infrastructure. Ce n'est néanmoins pas toujours le cas. Les autorités accroissent fortement la probabilité de succès d'une transaction IFR lorsqu'elles examinent et qu'elles négocient séparément les trois composantes de la transaction en question, et déterminent si le participant proposé par le consortium est idéal pour chaque composante.

Le modèle des infrastructures financées par des ressources naturelles : un enfant proche de ses parents, mais néanmoins unique

Le modèle IFR est basé sur le modèle traditionnel de mise en valeur des ressources dans la mesure où il commence par identifier l'entité à qui sera attribué le permis au titre du projet de mise en valeur de la ressource naturelle. Il en diffère néanmoins dans la mesure où, comme on le verra ci-après, il peut exiger l'identification d'un détenteur de permis de mise en valeur de la ressource qui peut apporter un prêteur pour le projet. Ce dernier doit être prêt à fournir à l'État le crédit nécessaire pour financer la construction de l'ouvrage d'infrastructure, sans droit de recours (ou du moins avec un droit de recours limité) en échange de quoi l'État promet d'affecter les flux de revenus que le projet de mise en valeur de la ressource naturelle générera à une date future (graphique 3.2).

Le modèle IFR est basé sur le modèle du financement sur projet dans la mesure où il donne lieu à la construction de nouveaux ouvrages d'infrastructure aux moyens de financements sans recours basés sur des flux de revenus indiqués par des projections (et promis par l'État). Il diffère de ce modèle dans la mesure où les flux de revenus promis ne sont pas des recettes provenant de l'investissement dans l'ouvrage d'infrastructure lui-même, mais des revenus générés par la composante de la mise en valeur de la ressource.

Le modèle IFR est également basé sur le modèle traditionnel d'acquisition d'infrastructures par l'État dans la mesure où l'État peut décider des infrastructures qu'il souhaite construire grâce au mécanisme de crédit, de la même manière qu'il peut

Graphique 3.2 Exemple modèle d'infrastructures financées par des ressources naturelles avec un co-investisseur PPP pour la composante de l'infrastructure

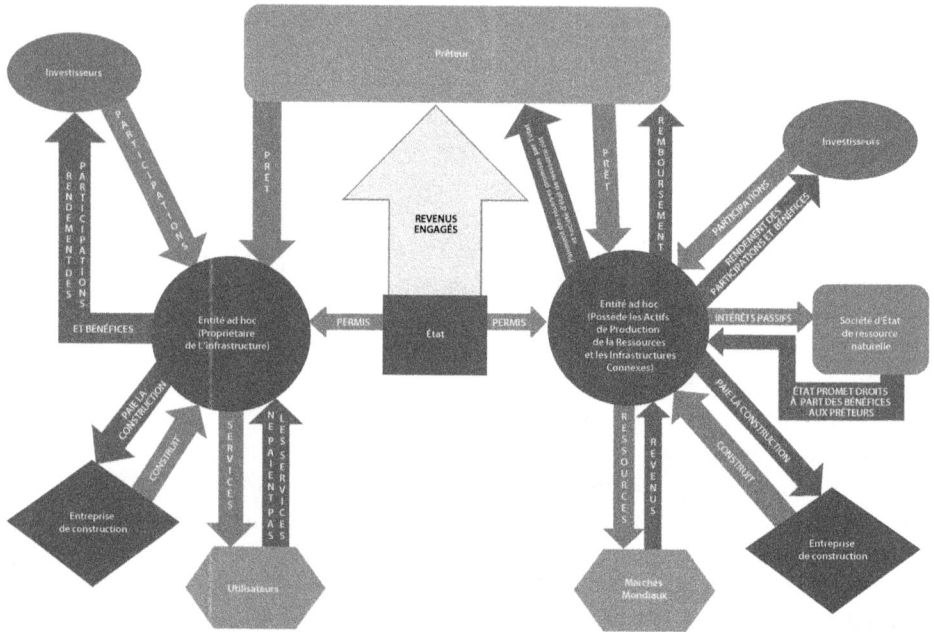

Source : Auteurs.
Note : SPV = Entité ad hoc ; PPP = partenariat public-privé.

— dans les limites stipulées dans les dossiers de financement — décider des ouvrages d'infrastructure qui seront construits au moyen d'un mécanisme de prêt souverain. Le modèle IFR diffère toutefois de ce modèle, car l'État finance l'infrastructure non pas au moyen d'un emprunt souverain, mais au moyen d'un prêt sans droit de recours adossé aux flux de revenus qui seront générés par la composante de la mise en valeur de la ressource à l'avenir. Si cette composante ne produit pas de revenus, ou du moins pas autant de revenus que prévu, l'État n'est redevable d'aucun manque à gagner — tandis qu'il le serait dans le cas d'un accord d'emprunt souverain.

Enfin, le modèle IFR est basé sur le modèle PPP, très souple, dans la mesure où le processus de construction de l'infrastructure peut faire intervenir le secteur privé de diverses manières. Il en diffère dans la mesure où une transaction IFR donne lieu à la mise en valeur d'une ressource naturelle, à la promesse de l'État de consacrer des revenus générés par le projet de mise en valeur des ressources et à la construction d'un ouvrage d'infrastructure — bien que le secteur rivé ne détienne pas nécessairement une part du capital ou soit un partenaire du projet de construction de l'ouvrage en question. Comme on le verra ci-après, nous estimons que l'inclusion de caractéristiques du modèle PPP dans les composantes de la construction de l'infrastructure d'une transaction IFR présente probablement d'importants avantages pour l'État.

Nous examinons dans les chapitres qui suivent un certain nombre d'aspects financiers, structurels et opérationnels du modèle IFR, qu'il vaut la peine d'analyser avant de décider d'utiliser ou non un modèle IFR pour une transaction particulière. Le tableau 3.1 présente une analyse SWOT du modèle IFR qui récapitule notre étude de ces questions.

Tableau 3.1 Modèle d'infrastructures financées par des ressources naturelles

Points forts	Points faibles
• Le modèle offre de nouvelles opportunités de financement aux autorités des pays riches en ressources qui ont besoin d'infrastructures de base.	• Le nouveau modèle n'est pas encore bien connu ou utilisé par la plupart des prêteurs et des investisseurs ; il n'existe donc que peu (ou pas) d'exemples de mise en œuvre réussie.
• La composante des ressources est basée sur le modèle bien connu de la mise en valeur des ressources naturelles.	• Le recours à un emprunt pour construire un ouvrage d'infrastructure, dont le remboursement est effectué au moyen de flux de revenus générés par un projet de mise en valeur d'une ressource naturelle aura probablement pour effet de produire des intérêts capitalisés d'un montant plus élevé que ce n'est le cas dans les autres modèles.
• Les autorités peuvent promettre les flux de revenus qui seront tirés à l'avenir des ressources naturelles pour obtenir un mécanisme de crédit qui leur permettra de construire des ouvrages d'infrastructure.	
• La composante d'infrastructure peut être conçue directement par l'État, dans le cadre de marchés publics, ou par le biais de structures de type PPP.	• Le modèle IFR ne peut pas être utilisé durant la phase de prospection des ressources parce que les flux de revenus qui seront générés par les activités de production de la ressource doivent être suffisamment certains pour pouvoir appuyer le remboursement du mécanisme de crédit dont bénéficiera l'État.
• L'État peut obtenir des financements sans recours ou avec droit de recours limité, basés sur les prévisions et les promesses de revenus qui seront générés par la composante des ressources naturelles.	

Opportunités	Risques
• Lorsque l'État ne peut pas utiliser le modèle de financement sur projet, et ne peut pas obtenir des crédits sur une base souveraine pour construire des ouvrages d'infrastructure, une transaction basée sur le modèle IFR offre une nouvelle opportunité de développement et de croissance économique.	• L'État doit assumer la responsabilité de veiller à la bonne conception, à la bonne supervision et à la bonne exécution de la composante de l'infrastructure.
• Le modèle IFR est le mieux adapté aux projets dont les impacts sur la croissance économique ou les avantages sociaux sont supérieurs aux coûts de l'emprunt de l'État.	• Parce que le prêteur doit attendre les flux de revenus promis à titre de remboursement, il ne portera probablement pas la même attention à la composante infrastructure que si le projet se déroulait dans le cadre d'une transaction sur le modèle du financement sur projet.
• Les recettes tirées par l'État de la composante des ressources, au-delà des fonds nécessaires pour rembourser le mécanisme de crédit, demeure la propriété de l'État et sont versées au Trésor public.	• Il importe de considérer la viabilité de l'infrastructure à terme avant d'entreprendre les travaux de construction, sinon l'infrastructure pourrait se dégrader rapidement.
	• L'imposition de conditions aux marchés passés aux fins de l'acquisition d'ouvrages d'infrastructure dans le cadre du mécanisme de crédit de l'État pourrait encourager le recours à des entrepreneurs moins compétents ou se traduire par des coûts de construction d'un montant inutilement élevé.

Source : Auteurs.
Note : PPP = partenariat public-privé.

CHAPITRE 4

Examen des premières transactions d'infrastructures financées par des ressources naturelles

Le nombre de transactions menées sur le modèle des infrastructures financées par des ressources naturelles (IFR) achevées à ce jour est encore relativement limité, et des informations n'ont été rendues publiques que pour un petit nombre d'entre elles. Toute une gamme d'observateurs extérieurs à ces transactions, allant d'organisations non gouvernementales (ONG) aux parlements nationaux, ont émis des doutes quant à leur équité et à leur valeur et ont, dans certains cas, noté qu'ils soupçonnaient certaines parties aux transactions (de l'un ou l'autre côté) d'avoir fait preuve de mauvaise foi (ou pire). À l'évidence, quel que soit le modèle considéré, toute transaction peut être mal exécutée ou donner lieu à des actes de corruption ; aucun élément particulier au modèle IFR n'est, en lui-même, source de risque particulier. Toutefois, la nouveauté de ce modèle et le fait qu'il n'est généralement pas bien compris, alimente les soupçons ce qui, dans un contexte peu transparent, donne lieu à l'expression publique de doutes.

Il se peut également que les parties (autorités publiques, promoteurs et prêteurs) aux premières transactions qui peuvent maintenant être considérées comme les premières menées dans le cadre du modèle IFR n'aient pas saisi les répercussions de leur nouvelle démarche. Ce n'est qu'avec le recul du temps qu'une transaction peut être jugée déficiente, en particulier en ce qui concerne la composante de l'infrastructure, même si la structure globale de la transaction IFR, telle qu'elle a été exécutée, est fondamentalement saine.

Le peu d'informations communiquées au public dans le cadre des premières transactions de type IFR, en particulier pour les composantes relatives aux ouvrages d'infrastructure, peut avoir contrarié des observateurs extérieurs désireux d'améliorer la transparence des marchés publics. Il peut toutefois être attribué au désir raisonnable de respecter la confidentialité, qui est un objectif courant, quel que soit le modèle retenu, surtout en ce qui concerne les prix des ouvrages d'infrastructure. Il serait donc utile de déployer des efforts concertés pour accroître la transparence des marchés publics axés sur les infrastructures, comme dans le secteur de la mise en valeur des ressources naturelles, tant que cela ne nuit pas à la concurrence qui s'exerce au niveau des prix dans les nouveaux projets.

Nous examinons, dans les chapitres qui suivent, un certain nombre de points particuliers mis en relief par les documents disponibles sur les transactions de type IFR réalisées à ce jour. Nous sommes d'avis que certaines questions essentielles doivent être examinées par toutes les parties prenantes avant d'adopter un modèle IFR pour une transaction déterminée. Cette liste n'est pas exhaustive, et n'inclut pas la liste beaucoup plus longue des questions qui seront évoquées dans le cadre de la négociation et de la mise au point de transactions IFR particulières. Les trois prochains chapitres sont consacrés aux questions financières, structurelles et opérationnelles.

Encadré 4.1 Une chronologie de modèles ?

Le modèle des infrastructures financées par des ressources naturelles (IFR) peut être adapté au cas d'une transaction lorsque : i) l'État ne peut pas obtenir des ressources suffisantes, par le biais de financements souverains, pour construire l'ouvrage d'infrastructure nécessaire ; ii) l'ouvrage d'infrastructure nécessaire ne produira pas de recettes suffisantes pour assurer un financement dans le cadre d'un modèle de financement sur projet ; et iii) le pays est doté d'une ressource naturelle et les autorités ont entrepris de négocier la délivrance d'un permis de mise en valeur et de production, qui pourrait être associé à un mécanisme de crédit et à une composante d'infrastructure. Cela ne signifie pas pour autant que le modèle IFR ne peut être utilisé que lorsque toutes les sources de financement souveraines auront été épuisées ou seulement jusqu'à ce que des transactions de financement sur projet ou de partenariat public-privé (PPP) puissent attirer des investisseurs dans le cadre de projets autonomes.

Même lorsque les autorités publiques envisagent de poursuivre une transaction IFR, le modèle du financement sur projet ou le modèle PPP peut être utilisé dans certains secteurs (comme celui des télécommunications ou de la production d'électricité). L'État tirera également des recettes de manière régulière des impôts, de la cession d'actifs et d'autres sources, et une partie de ces fonds pourra être consacrée au financement de la construction d'ouvrages d'infrastructure.

En d'autres termes, il n'existe pas d'« ordre naturel » ou de séries d'étapes que tous les pays doivent suivre pour passer d'un modèle de financement à un autre. Il est probable, en raison du coût des projets IFR (comme nous le verrons ci-après), que ce modèle ne soit réellement utilisé de manière optimale que si un nouveau projet axé sur des ressources naturelles doit, selon les projections, accroître dans une mesure importante les flux de revenus revenant à l'État au bout de quelques années. Parce que l'ampleur des flux de revenus indiqués par les projections pour chaque nouveau projet de ce type doit augmenter à un taux au moins aussi élevé que l'économie nationale pour être considérée comme « importante », il est probable que le modèle IFR sera davantage utilisé dans de petits pays non développés et dans une moindre mesure dans les économies en expansion — qui, à ce stade, auront plus couramment recours au modèle du financement sur projet, au modèle PPP et au modèle de l'acquisition directe d'ouvrages d'infrastructure par l'État. Une transaction IFR peut toutefois devenir une option très attractive, même dans un pays relativement développé, lorsque des ressources naturelles très importantes sont découvertes.

CHAPITRE 5

Questions financières

Dissociation des principales caractéristiques des financements

Comme nous l'avons vu précédemment, le financement d'une transaction sur le modèle des infrastructures financées par des ressources naturelles (IFR) présente trois caractéristiques principales. Premièrement, une transaction IFR exige une composante de mise en valeur des ressources qui, selon les projections, générera des flux de revenus pour l'État lorsque les ressources commenceront à arriver sur le marché et que les activités correspondantes deviendront rentables. Comme pour tout projet de mise en valeur de ressources naturelles, les incertitudes et les risques associés à l'évaluation des flux de revenus futurs que l'État pourra tirer de la composante des ressources sont importants. Il se peut en effet que les évaluations initiales de la ressource effectuées durant la phase de prospection se révèlent inexactes au stade de la mise en valeur, ou que les coûts de la mise en valeur et de la production aient été sous-estimés au départ. Dans des cas extrêmes, notamment pour ces raisons ou parce que les prix mondiaux de la ressource naturelle ont baissé, l'investisseur peut décider d'abandonner le projet de mise en valeur de la ressource de sorte qu'aucun revenu ne sera généré. Il est également possible, dans des cas moins extrêmes que :

- Les flux de revenus commencent à être générés beaucoup plus tard que prévu (si le calendrier de la mise en valeur de la ressource dérape).
- Le montant des flux de revenus soit nettement inférieur aux prévisions si, par exemple :
  - les quantités de ressources naturelles produites sont plus faibles que prévu, que ce soit au cours d'une année donnée ou de manière générale.
  - les coûts d'extraction sont plus élevés que prévu.
  - le prix de vente de la ressource est plus faible que prévu.

Ces risques de revenus sont assumés par le promoteur du projet de mise en valeur des ressources et par l'État, mais ils touchent le promoteur (et ses sources de financement) dans une bien plus large mesure. Ce dernier doit engager des sommes très élevées pour pouvoir entreprendre la phase de mise en valeur, et construire les infrastructures connexes, tandis qu'il ne commencera à enregistrer des recettes que lorsqu'il commencera à extraire la ressource et à la vendre sur le marché. Le risque couru par l'État (qui consiste à recevoir des revenus inférieurs aux prévisions et à une date plus tardive que prévu au moment de la délivrance du permis de production) revient à sélectionner le « mauvais » promoteur auquel il attribue le permis alors qu'un autre promoteur aurait pu mettre en valeur la ressource naturelle plus rapidement et à moindre coût et obtenir des prix plus élevés.

Deuxièmement, il est nécessaire, dans le cadre d'une transaction IFR, d'évaluer les flux de revenus qui, selon les projections, seront générés par la composante de production, et de décider combien emprunter et investir immédiatement dans les ouvrages d'infrastructure sur la base de ces futurs flux de revenus. Ce calcul peut être aussi simple que celui qui consiste à déterminer combien un prêteur accepterait de prêter, sans droit de recours, sur la base des flux de revenus prévus. Selon les observations recueillies à ce jour, un prêteur opérant sur la base d'un modèle financier de mise en valeur des ressources (c'est-à-dire un prêteur qui a décidé de prêter au promoteur du projet pour lui permettre d'extraire la ressource) est le mieux placé pour accepter de prêter des sommes plus importantes en échange de la promesse de l'État de rembourser le prêt à partir des flux de revenus émanant de son projet d'extraction.

De même que le promoteur du projet de ressources naturelles ne peut pas emprunter plus d'un certain montant pour mettre en valeur ladite ressource (les capitaux restants doivent être injectés sous forme de prises de participation), il existe une limite au montant qu'un prêteur acceptera de prêter à l'État sur la base des flux de revenus indiqués par les projections. La capacité d'emprunt de l'État est déterminée par un certain nombre de facteurs, et son calcul repose en particulier sur l'analyse de sensibilité par rapport au degré de certitude concernant le montant et la durée des flux de revenus de l'État, et sur la rigueur des dispositions de non-recours incluses dans l'accord de crédit, au cas où les flux de revenus promis s'avéreraient insuffisants pour rembourser l'encours du prêt durant la période pour laquelle l'État s'est engagée.

Encadré 5.1 Financement par anticipation des revenus

Une variante du modèle des infrastructures financées par des ressources naturelles (IFR) peut être utilisée lorsqu'un permis a été délivré pour un projet de ressource naturelle, que le processus de mise en valeur est achevé et que la phase de production vient juste de commencer. Maintenant que l'État commence à recevoir des flux de revenus et que des redevances lui sont versées, il lui est possible de promettre les fonds provenant de cette nouvelle source de revenus pour obtenir un nouvel emprunt. Ce modèle, que nous qualifions de modèle de « financement par anticipation de revenus » (FAR), peut également être utilisé chaque fois que l'État dispose d'une source de revenus particulière qu'il n'a pas engagée à un autre titre pour assurer le service de sa dette et dont il n'a pas besoin pour couvrir ses dépenses courantes. Le modèle FAR est très similaire au modèle IFR, à la différence que l'État ne peut pas jouir de l'ouvrage d'infrastructure plusieurs années avant que la ressource naturelle ne commence à générer des flux de revenus. En revanche, le risque que les flux de revenus ne se matérialisent pas est bien moindre, et ces flux sont beaucoup plus prévisibles une fois que la production a commencé. Par ailleurs, étant donné que des fonds seront disponibles pour rembourser l'emprunt contracté pour financer les ouvrages d'infrastructure une fois que la construction de chaque ouvrage aura été achevée, le coût des infrastructures (y compris les intérêts échus avant la date à laquelle commence le remboursement du prêt) sera également plus faible.

Le modèle FAR doit donner lieu à une analyse plus poussée du projet de production de la ressource naturelle et à une mise à jour du modèle financier des flux de ressources devant revenir à l'État, à la conclusion d'un accord sur un mécanisme de financement lié à la promesse du versement de flux de revenus (comme dans le modèle IFR), et à la passation de marchés pour la construction des ouvrages d'infrastructure, directement par l'État ou dans le cadre d'un partenariat public-privé (PPP) (comme dans le modèle IFR).

Troisièmement, une transaction IFR donne lieu au recours au mécanisme de crédit mis en place sur la base de la promesse de versement des flux de revenus que doit générer la composante des ressources naturelles. Cette composante présente deux aspects importants. Premièrement, il est nécessaire de décider dans quels ouvrages d'infrastructure le pays souhaite investir et, deuxièmement, les autorités doivent passer les marchés nécessaires pour réaliser les travaux. En théorie, les autorités publiques appliqueront les procédures habituelles de passation des marchés publics pour lancer un appel d'offres international et obtenir le meilleur rapport qualité-prix pour l'ouvrage d'infrastructure, en utilisant le crédit basé sur la promesse des flux de revenus associés à la ressource naturelle pour payer l'infrastructure. En pratique, la plupart des transactions réalisées à ce jour ont donné lieu à des financements concessionnels ; ces derniers ont un « coût » dans la mesure où ils sont accordés à la condition que les autorités appliquent les règles de passation des marchés du prêteur, qui peut limiter les sources auprès desquelles les biens et services peuvent être achetés au moyen des fonds du crédit. Cette condition n'est pas uniquement appliquée dans les transactions IFR ; les prêteurs l'imposent en fait chaque fois qu'ils accordent des financements concessionnels à un pays.

Lorsqu'un mécanisme de crédit basé sur la promesse de flux de revenus indiqués par les projections dans le cadre d'une transaction IFR pour acquérir des infrastructures est mis en place, il faut se demander dans quelle mesure les financements accordés par le biais de ce mécanisme de crédit doivent être considérés comme compromis ou avoir fait l'objet de tirages pour chaque projet. Il s'agit là d'une question unique et, à notre avis, mal comprise, pour les projets IFR. Les deux exemples qui suivent illustrent ce point.

Considérons une transaction concernant un ouvrage d'infrastructure financé dans le cadre d'un projet qui nécessite un prêt de 100 millions de dollars, assorti d'un taux d'intérêt de 5 %, donnant lieu à des tirages mensuels de même montant durant la période de construction qui couvre 24 mois. Des intérêts simples s'accumulent durant la période de construction, et à l'issue des 24 mois, un montant de 5 millions de dollars d'intérêts échus est ajouté au montant initial du prêt, ce qui porte le montant total de la dette à la date de la livraison de l'infrastructure à 105 millions de dollars. À la fin de la période de construction, l'État commence à percevoir des revenus et plus aucun intérêt n'est échu et ne vient donc s'ajouter à l'encours du prêt.

Considérons maintenant une transaction IFR donnant lieu à la construction de la même infrastructure, et nécessitant le même près de 100 millions de dollars sur lequel des tirages sont effectués pendant la même période de construction de 24 mois. Supposons toutefois que l'accord de prêt dispose que les intérêts s'accumulent non seulement pendant les deux années de la période couverte par la construction de l'ouvrage (c'est-à-dire les 5 millions de dollars à la date de la livraison de l'infrastructure), mais qu'ils s'accumulent en fait pendant la période de six ans (c'est-à-dire pendant quatre ans après la date de livraison de l'ouvrage d'infrastructure) couverte par la phase de mise en valeur de la composante de la ressource de la transaction IFR. Si l'on suppose que la composante de la ressource naturelle est achevée à la date prévue et que les flux de revenus de l'État, tels qu'indiqués par les prévisions, sont suffisants dès le départ pour assurer le service du prêt consenti au titre de l'infrastructure, plus aucun intérêt ne vient s'ajouter au principal du prêt à l'issue de la sixième année. Le principal du prêt à la date à laquelle le projet de la ressource naturelle commence à générer des revenus pour l'État ne se chiffre pas seulement à 105 millions de dollars, qui est le montant auquel il est égal à la date de l'achèvement de l'ouvrage d'infrastructure, mais en fait à 125 millions de dollars — parce que des intérêts au taux de 5 % sur un prêt de 100 millions de dollars (on suppose qu'il s'agit d'intérêts simples) ont été capitalisés pendant une période supplémentaire de quatre ans. Ces deux exemples font abstraction de tout effet que pourrait avoir la capitalisation périodique des intérêts échus, qui ne pourrait qu'accroître l'écart entre les soldes du financement du projet et du prêt IFR au début de la période de remboursement.

Comme le montrent ces exemples, ce qui aurait été une dette de 105 millions de dollars dans une transaction de financement sur projet, dans le cadre de laquelle le service de la dette commence dès l'achèvement de la composante de l'infrastructure, devient une dette de 125 millions de dollars dans une transaction IFR parce que le remboursement commence quatre ans plus tard, lorsque la composante de la ressource naturelle commence à générer les flux de revenus que l'État s'est engagé à utiliser pour rembourser le prêt. Les deux dettes sont basées sur les mêmes coûts d'ingénierie, d'approvisionnement et de construction (IAC) de 100 millions de dollars — la différence tient uniquement aux intérêts échus.

L'analyse qui précède montre clairement qu'il est moins onéreux de construire un ouvrage d'infrastructure au moyen d'un financement sur projet qu'au moyen d'un mécanisme de crédit IFR. Il se peut toutefois, lorsqu'un ouvrage d'infrastructure essentiel ne peut pas produire de revenus suffisants pour couvrir les coûts du projet, et qu'il n'est donc pas possible de procéder à une opération de financement sur projet, qu'un crédit IFR soit l'option la moins coûteuse à laquelle l'État puisse recourir pour obtenir cette infrastructure essentielle.

Encadré 5.2 Régler les intérêts ?

Certains critiques ont suggéré que le coût de l'infrastructure, dans une transaction d'infrastructures financées par des ressources naturelles (IFR) peut être « réduit » lorsque l'État règle simplement les intérêts après l'achèvement de la composante de l'infrastructure, jusqu'à ce que les flux de revenus générés par la ressource naturelle se matérialisent. Dans ce cas, le montant du prêt, y compris les intérêts capitalisés, est le même que le montant du prêt dans le cas d'une transaction de financement sur projet. Cette suggestion est attractive parce qu'il est vrai que l'infrastructure acquise par le biais d'un mécanisme de crédit dans le cadre d'une transaction IFR a un coût supplémentaire important qui est dû aux intérêts capitalisés.

Cette suggestion a toutefois deux inconvénients. Premièrement, même si l'État dispose de fonds suffisants pour régler les intérêts du prêt consenti pour l'infrastructure, il pourrait probablement affecter ces fonds à d'autres emplois plus pressants (par exemple à l'acquisition d'ouvrages d'infrastructure supplémentaires ou au paiement de l'entretien des infrastructures existantes) qu'au règlement d'intérêts qui ne sont pas encore exigibles. Deuxièmement, bien que les intérêts soient échus et doivent être capitalisés dans le prêt accordé pour l'infrastructure, ce prêt est un prêt sans recours qui n'est remboursable qu'à partir des flux de revenus promis. Il est aussi probablement assorti d'un taux d'intérêt concessionnel. Par conséquent, même si les intérêts doivent s'accumuler entre l'achèvement de la construction de l'infrastructure et le début des flux de revenus générés par la ressource, l'État n'a guère de motifs d'utiliser ses propres ressources pour régler un prêt sans recours assorti d'un faible taux d'intérêt.

Évaluation des échanges concernant les infrastructures financées par des ressources naturelles

Les observateurs et les détracteurs des transactions IFR craignent fondamentalement que les autorités publiques « donnent trop » en échange des ouvrages d'infrastructure qu'elles « reçoivent » dans le cadre de ces projets, ou que les prix des ouvrages obtenus aient été « gonflés » et ne témoignent pas d'une « bonne utilisation des ressources ». Ces critiques émanent le plus souvent de ceux qui considèrent qu'une transaction IFR n'est guère plus qu'un simple « troc » ou un « échange » et non une transaction comportant plusieurs composantes et reposant sur un nouveau modèle de financement.

De nombreux projets menés dans le cadre d'autres modèles sont également critiqués au motif qu'ils n'ont pas donné lieu à une bonne utilisation des ressources ou n'ont pas produit un bon rendement pour les ressources investies. Les projets de marchés publics, notamment lorsqu'ils ne donnent pas de bons résultats, sont régulièrement accusés d'avoir fait l'objet d'actes de corruption. Les transactions de financements sur projet, même lorsqu'elles ont été bien structurées et ont donné lieu à des appels à la concurrence, suscitent des plaintes concernant les prix demandés et les bénéfices réalisés par les propriétaires. Les projets ayant trait aux ressources naturelles, en particulier, font l'objet d'intenses examens en raison de leur envergure et de l'ampleur des recettes et des bénéfices qu'ils génèrent — mais il est rare que beaucoup d'attention soit portée au coût de la mise en valeur de ces ressources, et notamment aux montants parfois considérables investis dans les infrastructures connexes.

Nous nous ne considérons donc pas que les critiques soient uniques au modèle IFR. En fait, elles sont liées à des problèmes généraux qui dépendent de plusieurs variables : dans quelles circonstances le permis initial de prospection des ressources a-t-il été délivré ? A-t-il été accordé conformément à la législation pertinente ? Le permis de mise en valeur et de production de la ressource a-t-il été correctement négocié et accordé, conformément à la législation applicable et sur la base du régime fiscal et de redevances le plus favorable possible ? Les ressources seront-elles vendues au prix approprié, ou le prix des ressources réalisé par la société d'exploitation sera-t-il abaissé de manière indue (par exemple dans le cadre d'un « accord de complaisance » conclu avec une filiale offshore, qui peut alors revendre la ressource au prix du marché) ? Ces questions sont tout aussi valides pour une transaction IFR que pour tout autre projet de mise en valeur de ressources naturelles.

Les conditions de l'accord de crédit sont-elles les plus favorables qui auraient pu être obtenues en la circonstance, et imposent-elles le moins de restrictions possible sur les sources de biens et services qui peuvent être achetés au moyen des revenus générés ? Le montant des intérêts capitalisés dans le crédit au titre de l'infrastructure représente-t-il une estimation raisonnable de la période qui sera nécessaire à l'État pour pouvoir tirer des revenus de la composante des ressources ? Ces questions se posent tout autant dans le cas des transactions IFR que dans celui de tout projet de passation de marchés publics au moyen de crédits souverains et de tout projet de financement sur projet ou projet PPP autorisant la « répercussion » ou « l'équilibrage » des conditions de financement.

La tarification de chaque composante d'infrastructure a-t-elle été établie de manière transparente et concurrentielle ? Cette question s'applique à chaque transaction quel que soit le modèle retenu. Dans un projet IFR, monter et concevoir l'ensemble de la transaction dans le but d'isoler et d'optimiser chaque composante permet de déterminer si toutes les parties obtiennent un bon résultat.

Le fait de bien structurer et d'optimiser chaque composante d'une opération IFR ne permet pas automatiquement de remédier à toutes les craintes associées à la valeur même de la transaction. Une transaction IFR peut offrir des résultats médiocres à l'État pour différentes raisons — techniques, commerciales ou autres — même si elle est bien structurée sur le plan économique et juridique. Il est important que chaque partie prenante prenne des mesures adéquates pour protéger ses intérêts à chaque étape de la négociation et de l'exécution d'une transaction IFR, comme elle doit le faire pour toute transaction menée dans le cadre de tout modèle.

Encadré 5.3 L'unité d'exécution du projet

Les détracteurs affirment que certaines équipes gouvernementales sont incapables de négocier des projets complexes. Suivant leur logique, dans le cas d'une transaction extrêmement complexe concernant des infrastructures financées par des ressources naturelles (IFR), ces équipes ne sont pas en mesure de contrer les conditions offertes par un consortium constitué par une banque de développement et des promoteurs de projets de ressources naturelles, éventuellement appuyés par un État étranger et accompagnés par un escadron d'ingénieurs, de spécialistes des questions financières, de juristes et d'autres consultants. Ces détracteurs font aussi valoir que les équipes gouvernementales sont fondamentalement en position d'infériorité parce que le groupe des investisseurs qui négocient ce type de projet sont des spécialistes de ces opérations tandis que, pour la plupart des représentants de l'État (à moins que le pays ne compte une industrie dynamique de prospection et de production d'hydrocarbures), la transaction IFR qui doit être négociée sera la première, et peut-être la seule, de leur carrière.

L'État agit par l'intermédiaire des personnes qui le représentent, et la réponse à la critique selon laquelle l'État n'a pas de spécialistes disposant de l'expérience suffisante pour négocier une transaction IFR peut être formulée en ces termes : l'État peut se doter d'experts plus nombreux et plus qualifiés. La Banque mondiale et d'autres bailleurs de fonds utilisent de longue date le système de l'unité d'exécution du projet (UEP) pour aider un pays à améliorer sa capacité à entreprendre des projets complexes. Une UEP est constituée au sein d'un ministère public qui sera principalement chargé du projet, et elle est financée par une source de revenus spéciale, fréquemment financée par l'organisme bailleurs de fonds lui-même. L'UEP est dotée d'effectifs composés par des spécialistes nationaux et internationaux recutés sur la base de contrats de longue ou de courte durée selon la nature du projet considéré.

La structure, la négociation, l'exécution et la supervision d'une transaction IFR constitue le type de projet important, complexe et de très grande valeur qui justifie la création d'une UEP spéciale et l'affectation à cette dernière d'effectifs adéquats.

Liens avec le régime financier

De même que la question relative à la valeur de la transaction examinée précédemment, la plupart des critiques des régimes financiers des transactions IFR émanent d'observateurs qui caractérisent ces dernières comme des échanges ou des trocs et non pas comme des transactions poursuivies dans le cadre d'un nouveau mécanisme de financement. Ces observateurs font valoir qu'il devrait exister une équivalence entre le montant de la valeur de la ressource dans le sol (à laquelle le promoteur du projet de ressources naturelles obtient accès) et le montant ou la valeur de l'infrastructure que le pays reçoit dans le cadre de la première phase d'une transaction IFR. Il est possible que, dans le cadre des premières transactions IFR, les composantes aient été médiocrement structurées et que le lien entre la mise en valeur des ressources naturelles et la construction des infrastructures n'ait pas été transparent.

Encadré 5.4 Existe-t-il un problème d'accoutumance à la confidentialité ?

Nous convenons que, par suite d'un manque de transparence général, il est difficile à des observateurs extérieurs de déterminer si l'État a fait « une bonne affaire » dans le cadre d'une transaction d'infrastructures financées par des ressources naturelles (IFR). Toutefois, ce manque de transparence ne caractérise pas uniquement les transactions IFR. De nombreux investisseurs, leurs entrepreneurs, voire même leurs prêteurs exigent que le processus de négociation et les conditions des documents signés restent strictement confidentiels. Cela vaut pour pratiquement tous les contrats, quel que soit le modèle considéré, bien que certains progrès aient été accomplis pour les paiements effectués au titre des projets liés aux ressources naturelles par suite de l'Initiative pour la transparence dans les industries extractives (ITIE).

Il existe des raisons commerciales légitimes de protéger les positions de négociation avant la signature des documents, et certainement de bonnes raisons de protéger la propriété intellectuelle et les secrets de fabrique. Mais il est possible que les exigences de confidentialité soient simplement, pour l'essentiel, une question d'habitude, et soient motivées par le fait que tous ceux qui sont présents à la réunion de signature savent ce que disent les documents et que seuls ceux qui ne sont pas réunis autour de la table se plaindront du manque de transparence. Lorsque des sociétés sont en cause, les intéressés qui ne sont pas présents sont les propriétaires desdites sociétés, mais lorsque l'État est partie à l'accord, ce sont tous les citoyens du pays qui sont intéressés par les actions des fonctionnaires de l'État.

Bien que cette question sorte du cadre de la présente étude, le moment pourrait être venu de se demander, ou de se redemander, si les promesses généralisées de confidentialité systématiquement et mutuellement exigées et convenues sont vraiment dans le meilleur intérêt des citoyens d'un pays ou sont même souhaitables pour un projet particulier.

Le régime financier d'un projet de mise en valeur et de production d'une ressource, que ce projet soit poursuivi dans le cadre d'un modèle traditionnel de mise en valeur des ressources ou du modèle IFR, est la méthode par laquelle les recettes tirées de la vente de produits sont affectées aux parties une fois réglés les coûts d'extraction, de traitement nécessaire, de commercialisation et de livraison. Une partie des fonds restants sera affectée à la société mettant en valeur la ressource sous forme de droits et de dividendes, et une partie sera affectée à l'État et/ou à la société d'État qui est partenaire au projet sous forme de redevances, de taxes et de dividendes. Le régime financier peut donner lieu à l'allocation de composantes de « coûts » et de « bénéfices » et peut également inclure la distribution en nature d'une partie de la production. Dans le cadre d'une transaction basée sur le modèle traditionnel de la mise en valeur des ressources, la conception du régime financier, et les autres dispositions des permis de mise en valeur et de production, constitue la phase ultime du processus de montage de la transaction pour les autorités.

En revanche, dans le cas d'une transaction IFR, la mise en place du régime financier de la composante de la ressource naturelle constitue, pour les autorités publiques, la première étape du processus de montage de la transaction. Le régime financier de la composante de la ressource naturelle constitue la base sur laquelle les recettes de l'État sont projetées, puis promises en vue de l'obtention de crédits pour la construction de la composante de l'infrastructure. Il se peut même que les autorités et l'investisseur dans la ressource naturelle ne négocient pas les conditions financières du permis de production si un régime financier a déjà été établi par la loi ou dans le cadre d'un processus d'appel d'offres, auquel cas ledit régime s'applique et est complété par tout accord supplémentaire qui peut s'avérer nécessaire.

Les autorités promettent alors les flux de revenus indiqués par les projections et acceptent les conditions d'un mécanisme de crédit à hauteur d'un montant maximum qui est sensiblement inférieur au montant total promis. Comme dans les autres modèles de financement, une limite « prêt-valeur » est imposée au titre de tout actif engagé. Dans le cadre d'une transaction de financement sur projet, par exemple, les promoteurs s'efforceront d'« exploiter » leurs investissements sous forme de prises de participation en empruntant autant que possible, mais les prêteurs chercheront à réduire le plus possible le montant de leur prêt au titre du projet pour sécuriser le prêt même si les recettes du projet n'atteignent pas systématiquement les niveaux prévus. Dans le cadre d'une transaction IFR, la limite du mécanisme de crédit de l'État est liée au flux de revenus prévus que celui-ci peut tirer de la composante de la ressource naturelle. Les flux qui ne sont pas engagés pour assurer le service du mécanisme continuent de revenir à l'État, qu'ils soient constitués par les revenus générés au-delà des montants nécessaires pour assurer le service de la dette au cours d'une année durant laquelle le crédit est en cours ou par les revenus générés par le projet une fois que le mécanisme de crédit a été remboursé.

Le mécanisme de crédit est utilisé pour acquérir l'infrastructure ; comme expliqué précédemment, l'ouvage d'infrastructure acquis peut être tel qu'il ne peut pas être financé séparément dans le cadre d'une transaction sur projet. Nous recommandons que l'infrastructure acquise soit de nature à stimuler la croissance économique ou à générer des avantages sociaux plus élevés que le taux d'intérêt du mécanisme de crédit. En d'autres termes, lorsque le coût de la croissance économique ou des avantages sociaux auxquels il faut renoncer en attendant les flux de revenus qui, selon les projections, devraient être générés par le projet de ressources naturelles, est supérieur au coût des intérêts dus au titre des emprunts basés sur ces flux de revenus, le recours à une transaction basée sur le modèle IFR pour construire l'infrastructure sans attendre et éviter ce délai est justifié.

Calcul du prix de l'infrastructure

Il peut être très difficile pour les autorités d'obtenir un prix juste pour la composante de l'infrastructure d'une transaction IFR, en particulier lorsque le mécanisme de crédit impose des limites aux sources de biens et de services qui peuvent être obtenus avec les fonds empruntés. Deux questions se posent à cet égard : la qualité de l'infrastructure qui doit être construite, et le coût de cette qualité. Il n'est possible de comparer différent prix pour l'ouvrage d'nfrastructure que si les prix proposés sont offerts pour des ouvrages de même qualité. La question des contraintes imposées au niveau des prix par le recours à un crédit fourni par un unique prêteur est similaire au problème qui se pose dans le cadre d'un modèle traditionnel d'acquisition d'infrastructures par l'État lorsque le financement concessionnel est « lié » à l'acquisition de biens et services auprès de certaines sources. Ce problème peut se poser de manière encore plus aiguë dans le cadre d'une transaction IFR puisque l'État n'est pas en mesure de chercher à obtenir des fonds concessionnels assortis de conditions moins restrictives.

Dans une transaction basée sur le modèle du financement sur projet, lorsque l'État lance un appel à la concurrence qui prescrit les normes de qualité précises auxquelles doit répondre l'ouvrage qui doit être construit — ou du moins la qualité des produits escomptée durant la durée de vie du projet — les prix sont très transparents. Dans l'idéal, ils sont l'unique paramètre sur la base duquel le marché sera attribué à un soumissionnaire. Les prix établis correspondent au coût du capital, compte tenu des bénéfices escomptés par des investisseurs participant au projet et le coût des prêts ; lorsque le projet peut bénéficier de financements concessionnels, la valeur de ces derniers est répercutée sur les prix offerts, mais les soumissionnaires devront concilier le recours aux crédits disponibles et les contraintes pouvant être imposées sur l'origine des biens et services qu'ils peuvent obtenir aux moyen de ces fonds.

Les autorités d'un pays envisageant de poursuivre une transaction IFR doivent prêter une attention particulière aux contraintes imposées par un accord de crédit qui limiterait la capacité de l'État à : i) préciser la qualité de l'ouvrage d'infrastructure qu'il souhaite obtenir, ii) préciser l'identité des entrepreneurs qu'il pourrait inviter à soumissionner pour la construction et l'exploitation de l'ouvrage, ou iii) lancer un appel à la concurrence pour optimiser l'utilisation de ses ressources. Dans certains cas, il peut être impossible d'éviter certaines contraintes, du moins pour une partie du mécanisme de crédit.

Comme indiqué précédemment, le recours par l'État à un crédit IFR pour acquérir un ouvrage d'infrastructure est assorti d'un coût. Lorsque l'ouvrage est achevé bien avant que la composante de la ressource naturelle ne commence à générer des revenus permettant d'assurer le service de la dette, les intérêts échus supplémentaires accroissent inévitablement le coût de l'ouvrage et réduisent le montant du mécanisme de crédit qui peut être utilisé pour d'autres composantes. Les autres possibilités de financement auxquelles l'État pourrait recourir (emprunt souverain, transaction sur le modèle PPP ou financement sur projet) et l'intérêt que présente l'obtention rapide de l'ouvrage d'infrastructure déterminent si ce coût vaut la peine d'être assumé ou non.

S'il est quelque peu supérieur à celui d'une transaction effectuée sur le modèle traditionnel de l'acquisition d'une infrastructure par l'État, le coût de l'infrastructure dans le cadre d'une transaction IFR peut également s'expliquer par le fait qu'il a l'avantage d'être « sans recours » pour l'État. Dans le modèle du financement sur projet, lorsqu'un projet échoue avant que les prêts ne soient remboursés (et que cet échec ne peut être imputé à l'État par suite, par exemple, d'un défaut de paiement) l'État n'est généralement pas tenu de rembourser les prêteurs du projet (ou du moins les prêteurs qui ont assumé le risque de financement du projet). De même, dans le modèle IFR, l'État engage une certaine partie des flux de revenus provenant de la composante de ressources naturelles du projet aux fins du remboursement de la dette. Si la société chargée de la mise en valeur de la ressource naturelle abandonne ce projet après que l'État ait utilisé le crédit pour financer la composante de l'infrastructure (dans ce cas encore à condition que l'échec ne soit pas pas imputable à l'État, par exemple parce qu'il aurait refusé d'accorder des permis ou d'approuver l'importation des matériels et équipements nécessaires), l'État n'est nullement obligé de rembourser ce crédit à partir d'autres ressources. En d'autres termes, le prêteur assume un « risque de projet » pour le remboursement des prêts au titre de l'ouvrage d'infrastructure, mais ce risque est lié au flux de revenus générés par la composante de la ressource naturelle et non aux revenus générés par l'ouvrage (le cas échéant). Comme dans une transaction de financement sur projet, les prêteurs prélèvent une prime au titre du risque de remboursement et l'État doit déterminer si cette prime vaut la peine d'obtenir un prêt sans recours ou avec droit de recours limité. Il serait également possible de négocier un accord de crédit disposant que les flux de revenus générés par la composante de la ressource naturelle revenant à l'État constituent la principale source de remboursement des prêts au titre de la composante de l'infrastructure, mais prévoyant aussi des remboursements souverains suivant un calendrier de remboursement qui peut être différent si la composante de la ressource naturelle est retardée ou annulée — par exemple si le prix cible de la ressource diminue de plus de X % pendant une période de Y années.

Rôle des financements concessionnels

Les financements concessionnels sont le principal mode de financement permettant aux pays en développement d'acquérir des infrastructures. Pour que leurs emprunts souverains permettent à ces pays d'acheter des infrastructures, les « concessions » donnent notamment lieu à la réduction des normes de crédit pour l'ouverture des crédits, à l'allongement des périodes de remboursement, qui sont assorties de longs différés de paiement, et à l'offre de taux d'intérêt inférieurs aux taux du marché, fréquemment proches de 0 %. Dans les transactions de financements sur projet et de PPP, la disponibilité de financements concessionnels, que ce soit directement au titre du projet ou par voie de rétrocession par l'État, peut rendre les projets « bancables », et réduire les coûts des biens et services obtenus, puisque le faible prix du financement concessionnel réduit le coût du capital de l'entité ad hoc.

D'après les études disponibles, les transactions de type IFR les plus récentes ont donné lieu au recours à des financements concessionnels, qui ont été utilisés par un promoteur pour lancer un projet de mise en valeur d'une ressource naturelle associé à la construction d'infrastructures connexes, et ces financements ont été mis à la disposition de l'État aux fins de la construction d'ouvrages d'infrastructure en échange d'une promesse de versement des revenus que l'État compte tirer de la composante des ressources. Parce que le promoteur du projet de ressources naturelles peut disposer de financements concessionnels, il s'ensuit qu'il devient économiquement viable d'exploiter des ressources situées dans des endroits éloignés (et par conséquent difficiles à extraire et à exporter) aux prix actuellement indiqués par les prévisions, même lorsqu'il est nécessaire de procéder à de très importants investissements dans des infrastructures connexes.

Lorsque des financements concessionnels sont nécessaires pour assurer la viabilité financière de la composante des ressources naturelles d'une transaction IFR, les financements concessionnels en question sont probablement la seule source de financement pouvant être obtenue pour le crédit à l'État en échange de sa promesse de verser les revenus devant être générés par le projet sur la base des projections. Cette conclusion vaut tout particulièrement lorsque les financements concessionnels non seulement abaissent le coût de l'exploitation de la ressource naturelle (y compris le coût de la construction des infrastructures connexes nécessaires), mais aussi est un instrument de sécurité économique nationale pour le pays de la société qui met la ressource en valeur.

En revanche, dans le cas, par exemple, d'un projet de production de pétrole offshore en eaux peu profondes, qui pourrait être financé durant les phases de mise en valeur et de production par au moins une des grandes sociétés pétrolières par des financements sur bilan ou par des titres de créances commerciaux, il semble probable que l'État pourrait obtenir un emprunt aux conditions du marché, ou vendre des obligations génératrices de revenus, en échange d'une promesse de versement d'une partie ou de l'intégralité des flux de revenus générés par ce projet. Une telle opération reviendrait, en fait, à « dissocier » les éléments de la transaction IFR de sorte que le projet consisterait en une transaction autonome de mise en valeur traditionnelle de la ressource naturelle associée à un financement IFR. Le rôle des investisseurs dans la mise en valeur de la ressource se limiterait à accepter de verser les flux de revenus de l'État dans un compte de séquestre ouvert pour assurer le service du mécanisme de crédit.

Par définition, les instruments sous forme de titres de créances commerciaux envisagés au paragraphe précédent sont plus onéreux (ils sont assortis d'un taux d'intérêt plus élevé) que les financements concessionnels. Si l'on part du principe que l'État n'aura recours à un financement IFR que si la croissance économique ou les avantages sociaux ont une valeur plus élevée que les intérêts qui devront être acquittés au titre de l'emprunt, plus le taux d'intérêt du mécanisme de crédit de la transaction IFR est élevé, plus les avantages économiques et sociaux doivent être importants pour justifier la réalisation de l'investissement avant que les flux de revenus ne se concrétisent. Il peut donc être possible, dans ce cas, de trouver le moyen d'obtenir des mécanismes de crédit à des taux concessionnels en échange d'une promesse de revenus futurs qui, selon les projections, seront générés par un projet de ressources naturelles. La Banque mondiale et d'autre bailleurs de fonds peuvent être en mesure d'utiliser leurs instruments de soutien du crédit pour réduire les risques que semblent poser la réalisation des flux de revenus promis pour réduire le coût des emprunts de l'État par rapport au prix fort du marché. Nous suggérons de poursuivre la formulation de démarches hybrides « dissociées» plus détaillées de ce type pour des transactions particulières, une fois que le modèle général sera mieux compris, et leur analyse par les parties prenantes pertinentes.

Obligations environnementales et sociales

Les législations et réglementations nationales concernant les prescriptions environnementales et sociales applicables aux projets de ressources naturelles et d'infrastructure doivent être respectées par les promoteurs et leurs entrepreneurs, quel que soit le modèle de financement utilisé. Les questions environnementales et sociales de la composante des ressources naturelles d'un projet IFR posent autant de difficultés que dans les autres projets de mise en valeur de ressources naturelles. Elles couvrent les questions de réinstallation dans la zone du projet de mise en valeur de la ressource ; les risques environnementaux des résidus ou des déversements et d'autres sources de pollution atmosphérique, aquatique et terrestre ; et les questions sanitaires et sécuritaires aussi bien pour les personnes employées par le projet que pour les populations touchées. Tous les projets d'exploitation de ressources naturelles, y compris la composante de mise en valeur des ressources des projets IFR doivent obligatoirement déposer des instruments de garantie pour assurer la disponibilité des fonds nécessaires à la remise en état des sites des mines ou des puits et financer les coûts de fermeture. Il est tout aussi essentiel que l'État dispose de ressources humaines et financières suffisantes pour pouvoir assurer un suivi efficace et faire respecter les prescriptions environnementales et sociales durant toute la période couverte par les phases de mise en valeur et de production de la ressource naturelle dans un projet IFR comme dans toute autre transaction concernant une ressource naturelle.

Les projets d'infrastructures donnent également lieu à des obligations environnementales et sociales, quel que soit le modèle utilisé pour structurer la transaction. L'État doit définir ces obligations, puis s'assurer de leur respect, pour chaque composante d'infrastructure d'une transaction IFR — et ce dans la même mesure que s'il s'agissait d'une transaction de financement sur projet exécutée par un promoteur privé, ou d'un projet d'infrastructure appartenant à l'État construit par une entreprise d'État. Le modèle de financement utilisé pour financer un projet d'infrastructures n'a tout simplement aucun impact sur les prescriptions environnementales ou sociales qui s'appliquent au projet.

Lorsque la législation ou les réglementations de l'État sont jugées inadéquates au regard des normes internationales, les institutions de développement et les prêteurs commerciaux imposent des conditions plus rigoureuses. Par exemple, dans le cas des projets menés sur les modèles du financement sur projet ou du modèle PPP pour lesquels les coûts d'équipement sont supérieurs à un minimum déterminé — c'est-à-dire pratiquement tous les projets d'infrastructures — les sources de financement internationales participant au projet exigeront le respect des « Principes d'Équateur III » de juin 2013, qui englobent les normes et directives environnementales, sociales, sanitaires et sécuritaires du Groupe de la banque mondiale même si la législation locale n'exige pas que le projet respecte ces conditions. Il peut toutefois exister certaines différences entre les démarches suivies par les institutions financières qui appliquent les Principes d'Équateur et les institutions nationales de financement du développement qui considèrent les projets sous l'angle de la sécurité économique nationale.

Nous suggérons que la Banque mondiale encourage toutes les entités nationales de financement du développement à suivre les Principes d'Équateur et à adopter les meilleures pratiques environnementales et sociales. Les autorités nationales peuvent elles-mêmes prendre les devants pour exiger de tous les investisseurs ou entrepreneurs étrangers souhaitant poursuivre des activités ou bénéficier d'activités dans leur pays qu'ils adoptent les normes environnementales et sociales internationales, même si ces normes sont plus rigoureuses que ne l'exige la législation locale. Il ne serait guère logique de faire l'effort de structurer et de négocier une transaction IFR pour stimuler la croissance économique et générer des avantages sociaux sans exiger des promoteurs et des entrepreneurs qu'ils suivent les meilleures pratiques pour s'acquitter de leurs obligations environnementales et sociales. L'examen de ces meilleures pratiques sort toutefois du cadre de la présente étude.

Les bailleurs de fonds pourraient établir un programme de cofinancement avec l'État et proposer de financer les aspects environnementaux et sociaux de la composante de l'infrastructure des projets IFR, si ces aspects ne peuvent pas être financés à partir du mécanisme de crédit mis en place pour l'État dans le cadre du projet IFR. Cette démarche implique un degré de transparence et de coopération qui n'a toutefois pas été observé jusqu'à présent dans le cadre des transactions IFR.

CHAPITRE 6

Questions structurelles

Principales modalités contractuelles du modèle des infrastructures financées par des ressources naturelles

Toute transaction, quel que soit le modèle considéré, est définie par les modalités contractuelles qui lient les parties. Les risques, les incitations et les obligations sont négociés et convenus par les parties. Dans le cas de nombreux projets, la meilleure démarche consiste, pour l'État, à prendre le temps et à faire l'effort de définir le projet qu'il souhaite réaliser et de lancer un appel d'offres pour attirer des investisseurs intéressés sur la base d'un dossier exhaustif — ou presque. La méthode de l'appel à la concurrence est une méthode bien établie dans le cadre des transactions de financement sur projet, et de plus en plus couramment utilisée pour les projets dans le modèle des partenariats public-privé (PPP). Elle est aussi exigée par la loi sur les marchés publics qui exige que ces derniers soient publiés et fassent l'objet d'un appel d'offres dans le cas des projets d'infrastructure directement achetés par l'État.

Il ressort donc clairement des meilleures pratiques établies pour tous les modèles disponibles que la meilleure manière de structurer, de conclure et d'exécuter des projets d'infrastructures financés par des ressources naturelles (IFR) consiste à suivre une démarche détaillée. Lorsque les autorités entreprennent de négocier les modalités contractuelles d'un projet IFR, il est dans leur intérêt de considérer séparément les modalités des contrats du projet de la ressource naturelle, du mécanisme de crédit et de la composante de l'infrastructure.

Dans l'optique du modèle IFR, la seule modalité contractuelle essentielle est celle du mécanisme de crédit mis à la disposition de l'État et l'engagement pris par les autorités d'utiliser les revenus que le projet de mise en valeur générera en tant que garantie des prêts effectués dans le cadre du mécanisme de crédit. En ce qui concerne la ressource naturelle, les principales dispositions contractuelles sont le permis de mise en valeur de la ressource et les dossiers connexes, notamment les plans de mise en valeur, les plans ou les contrats établis pour les infrastructures connexes et les engagements pris en vue d'atténuer les impacts environnementaux et sociaux. Dans le cas de l'infrastructure, les modalités contractuelles peuvent différer selon que l'État a l'intention d'assumer la propriété de l'infrastructure après sa construction, ou privilégie une démarche PPP dans le cadre de laquelle le secteur privé est un exploitant ou un investisseur ; le partenaire PPP pourrait être l'investisseur dans la mise en valeur de la ressource naturelle ou bien une autre entité spécialisée. L'établissement de solides dossiers d'appel d'offres permettra de garantir l'attribution de marchés transparents et concurrentiels pour la composante de l'infrastructure.

Il s'avère que les premières transactions IFR ont été réalisées de manière plus « globale ». Des « accords-cadres » intergouvernementaux ont été conclus, qui avaient pour objet de guider les négociations entre, d'une part, l'État et la société d'État de mise en valeur des ressources et, d'autre part, la banque nationale de développement du pays investisseur ainsi que les sociétés de mise en valeur des ressources naturelles et de construction d'infrastructures intéressées de ce pays. Ces accords-cadres ont, jusqu'à présent, généralement limité la concurrence d'entrepreneurs souhaitant réaliser la composante de l'infrastructure. Étant donné qu'une transaction IFR donne lieu à d'importants engagements de financements concessionnels par une banque nationale de développement du pays investisseur, il est probablement inévitable qu'un accord-cadre intergouvernemental soit établi dans le but de définir les conditions des négociations des différents aspects de la transaction. Les accords intergouvernementaux ne donnent manifestement pas lieu à des appels d'offres, et les négociations y afférentes ne sont pas non plus transparentes.

Lorsque les autorités du pays hôte envisagent de conclure un accord intergouvernemental, il est essentiel qu'elles comprennent que les engagements qu'elles prennent dès le départ constitueront un précédent de longue durée pour toutes les actions qui seront menées par la suite dans le cadre de la transaction IFR. Il est donc très important qu'elles associent des conseillers qualifiés au processus dès le départ et ne partent pas du principe que les représentants du pays investisseur agiront dans l'intérêt du pays hôte plutôt que dans leur propre intérêt national. Nous pensons également qu'il est dans l'intérêt des autorités du pays investisseur, de même que dans celui de la banque nationale de développement du pays investisseur et des sociétés de mise en valeur des ressources naturelles et de construction d'infrastructure de ce pays d'encourager les autorités du pays hôte à obtenir les services de conseillers qualifiés dès le départ et d'avoir eux-mêmes leurs propres équipes de conseillers. Il n'est pas nécessaire que l'équipe de conseillers du pays hôte ait été constituée avant les réunions préliminaires, mais il importe qu'elle ait été formée avant que les deux parties ne commencent à examiner les conditions ou un protocole d'accord et, dans tous les cas, avant le début des négociations d'un projet d'accord-cadre.

Processus d'appel d'offres

Le recours à des procédures d'appel à la concurrence permet à l'État d'attribuer des marchés sur la base de mécanismes de prix transparents : toutes choses étant égales par ailleurs, le soumissionnaire qui offre le meilleur prix se voit attribuer le marché. Comme indiqué précédemment, un processus d'appel d'offres satisfaisant repose sur une série de dossiers d'appel d'offres très clairs et détaillés, comprenant des avant-projets complets des contrats et des marchés pertinents pour la transaction.

Le système de l'appel d'offres est d'autant plus efficace que le champ d'application d'un projet est clairement défini et que l'ampleur des risques « inconnus connus » est gérable. Il donne par conséquent de très bons résultats pour les marchés publics concernant la construction de routes et pour les transactions de financements sur projet faisant appel à des technologies prouvées, comme les centrales à turbine à gaz. Il pose davantage de difficultés pour les projets dans lesquels, par exemple, les conditions géotechniques sont inconnues (par exemple un projet de construction d'un barrage pour une centrale hydroélectrique dans un bassin n'ayant pas fait l'objet d'études techniques) ou lorsque l'entrepreneur doit utiliser une technologie nouvelle qui n'a pas encore fait ses preuves pour répondre à de nouveaux besoins (par exemple un marché de construction d'une centrale solaire thermique d'une taille sans précédent).

Pour l'État, il est particulièrement important de procéder à un appel d'offres pour la composante de l'infrastructure d'un projet IFR. C'est lui qui a le plus intérêt à obtenir un ouvrage d'infrastructure de haute qualité au meilleur prix possible. L'entité qui détient le droit de prospection d'une zone a le droit de convertir son permis en un permis de mise en valeur et de production conformément aux conditions de la loi sur les ressources naturelles. La rentabilité des activités de mise en valeur et de production dépend de l'acquisition par le promoteur du projet de ressources naturelles d'installations de haute qualité aux meilleurs prix possibles. Quant au mécanisme de crédit proposé à l'État, les opportunités d'appels d'offres peuvent être limitées si ce dernier bénéficie de financements concessionnels, notamment s'ils sont accordés par la banque nationale de développement qui finance la composante de mise en valeur de la ressource naturelle.

Dans le cas des appels d'offres lancés pour la composante de l'infrastructure, les autorités peuvent s'efforcer d'utiliser les procédures les plus transparentes et les plus concurrentielles possibles, conformément à la législation nationale régissant les marchés publics. Les leçons tirées des transactions réalisées sur le modèle du financement sur projet et du modèle PPP s'appliquent directement aux appels d'offres lancés pour les composantes de l'infrastructure dans le cadre d'une transaction IFR lorsque les autorités envisagent d'associer le secteur privé à un titre quelconque. Lorsqu'elles négocient un accord-cadre intergouvernemental ou un accord de crédit avec une banque nationale de développement, les autorités du pays hôte peuvent insister pour obtenir l'application de procédures de passation de marchés les plus ouvertes, les plus transparentes et les plus concurrentielles possibles dans le cadre du mécanisme de crédit, notamment en s'assurant la participation d'autres investisseurs privés si l'État décidait d'adopter une structure de PPP pour au moins l'un de ces investissements. Au lieu de n'autoriser les autorités à ne recourir au mécanisme de crédit de l'État que pour régler des sociétés de construction ressortissant du pays de la banque de développement, il pourrait être possible de négocier l'application d'un processus d'appel d'offres accordant une légère préférence aux entrepreneurs du pays de la banque de développement au stade de la présélection, ou réservant peut-être deux ou trois places parmi les soumissionnaires présélectionnés aux sociétés de ce pays qui remplissent les conditions minimales de sélection.

Si toutefois l'organisme national de développement ou les autorités du pays investisseur exigent que l'intégralité des biens et services utilisés pour construire les ouvrages d'infrastructure financés au moyen du mécanisme de crédit à l'État provienne du pays investisseur, les autorités du pays hôte pourraient alors choisir les types d'ouvrage d'infrastructure pour lesquels le pays investisseur dispose d'excellents entrepreneurs. Il s'agit là d'une possibilité que le pays hôte doit considérer avant d'entreprendre la négociation d'une partie quelconque d'une transaction IFR, et en particulier d'un protocole d'accord ou d'un accord-cadre.

Structure des engagements pris en vertu des contrats et règlement des différends, pratiques actuelles, principaux problèmes et options

La première constatation qui ressort de l'examen des différents modèles de transaction est que la meilleure manière d'allouer les engagements pris en vertu des contrats et d'obtenir les prix les plus bas consiste à répartir les droits et les engagements entre les parties en fonction d'une méthode d'allocation des risques convenue. En règle générale, chaque risque est affecté à la partie la mieux en mesure de l'atténuer, que ce soit en contrôlant ses propres activités, en assurant ce risque ou en le répercutant sur un autre entrepreneur.

Considérons, par exemple, un contrat de construction ; dans la plupart des structures de transaction, si les autorités ont besoin que la construction soit achevée le 1er juillet, par exemple, elles demandent à l'entrepreneur de s'engager à achever les travaux le 1er juillet au plus tard (ou à une date plus précoce pour faire face aux imprévus). Si le promoteur du projet reçoit l'assurance de ses fournisseurs et de ses sous-traitants qu'il peut achever la construction dans les délais prévus, il s'engagera auprès des autorités à achever les travaux en temps voulu, et acceptera de payer des indemnités à l'État en cas de retard. Si un retard se produit, le promoteur du projet cherchera alors à recouvrer le montant de ces indemnités auprès de ses fournisseurs et de ses entrepreneurs qui peuvent avoir été responsables dudit retard. Toutefois, le promoteur s'efforcera aussi d'éviter d'être passif de dommages par suite de retards dans l'achèvement des travaux, et de recouvrer des indemnités auprès de l'État, si ce sont les autorités qui sont responsables du retard qu'il a pu prendre, par exemple parce qu'elles n'ont pas mis le site à la disposition de ce dernier à la date prévue (si le site relève de leur responsabilité) ; si elles n'ont pas effectué les paiements intermédiaires selon le calendrier établi dans le contrat ; si elles n'ont pas accordé les permis de construction ou n'ont pas procédé aux inspections en temps voulu ; ou si elles n'ont pas dédouané rapidement les matériaux de construction et les équipements destinés au projet aux postes-frontière. Le promoteur contractera également une police d'assurance contre les intempéries et la perte de fournitures en transit, que ce soit directement ou dans le cadre des accords d'approvisionnement et de transport. Le coût de ces polices d'assurance sera intégré dans le prix du contrat que l'État acquitte pour la construction, mais il est nécessaire à la performance requise par l'État. Une fois qu'ils ont été recensés, les risques sont donc affectés à la partie qui convient et intégrés, ainsi que leurs prix, dans les contrats du projet.

Le même système de recensement et d'affectation des risques est utilisé pour les transactions IFR. L'essentiel est que les parties identifient et affectent les risques, non pas seulement entre les deux groupes parties à la transaction, mais entre l'État et le promoteur du projet de la ressource naturelle, l'État et le prestataire du mécanisme de crédit, et l'État et les promoteurs ou les entrepreneurs du projet de construction de l'infrastructure. Il est également probable que le promoteur du projet de la ressource naturelle, le prestataire du mécanisme de crédit et les promoteurs ou les entrepreneurs du projet de construction de l'ouvrage d'infrastructure concluent entre eux des accords visant à répartir encore plus les risques. Lorsque de nouvelles parties sont associées (par exemple des entrepreneurs pour la construction des infrastructures connexes, des investisseurs du secteur privé pour les composantes de l'infrastructure, d'autres sociétés d'ingénierie, d'approvisionnement et de construction [IAC]), le nombre d'accords nécessaire augmente encore.

Le permis de mise en valeur de la ressource naturelle et les documents connexes peuvent inclure toutes les meilleures pratiques issues des projets réalisés sur le modèle de mise en valeur traditionnelle des ressources, et des contrats de construction d'ouvrages d'infrastructure (qu'ils aient été établis sur le modèle traditionnel d'acquisition d'infrastructures par l'État ou sur le modèle d'une transaction PPP ou d'un financement sur projet).

Le modèle IFR se distingue principalement des autres par le fait que le prêt que l'État obtient pour l'obtention de l'ouvrage d'infrastructure est remboursé directement à partir des revenus que tirera l'État de la composante de la mise en valeur de la ressource naturelle et qu'il promet à l'entité qui accorde le prêt. En d'autres termes, l'État acquiert l'ouvrage d'infrastructure avec ses propres fonds, sans accorder aucun droit de recours. Les autorités peuvent prendre toutes les mesures nécessaires pour s'assurer que l'investissement de ces fonds est réalisé de manière efficace, comme c'est le cas de tout projet dans le cadre duquel l'État acquiert des infrastructures en son propre nom, et procure le maximum d'avantages à la population, notamment en recrutant des personnels ou des consultants qualifiés, si nécessaire, pour procéder à la passation des marchés publics ou au processus de supervision de la construction sur une base professionnelle. Les autorités peuvent éviter de courir le risque de ne pas obtenir « l'adhésion » au processus en s'assurant que l'infrastructure donne lieu à des marchés publics passés et attribués selon des procédures appropriées et en procédant à un suivi pour veiller à ce que la performance de l'entrepreneur chargé de la construction de l'ouvrage d'infrastructure soit conforme aux prescriptions du contrat.

L'essentiel est que toutes les parties prenantes comprennent et reconnaissent que la composante de l'infrastructure des transactions IFR n'est pas un « cadeau » de la banque de développement du pays investisseur (même lorsque les financements sont concessionnels), et que l'ouvrage d'infrastructure n'est pas « gratuit » uniquement parce que l'emprunt contracté au titre de la construction de cet ouvrage n'est pas réglé directement par le détenteur du permis de mise en valeur de la ressource. Les autorités nationales et toutes les parties prenantes doivent comprendre que, dans une transaction IFR, l'État acquiert l'infrastructure au moyen de ses propres ressources, en promettant les droits de l'État à de futurs flux de revenus générés par la composante de la mise en valeur de la ressource naturelle. Dans cette optique, les autorités du pays hôte ont absolument le droit d'insister pour que les ressources qu'elles gèrent au nom des citoyens du pays soient utilisées de manière efficace, transparente et de façon à avoir des effets optimaux et durables. Il ne convient en outre pas de considérer que la composante de la ressource naturelle et la composante de l'infrastructure d'une transaction IFR sont les éléments d'un « échange », comme si l'État n'avait aucune option sur l'ouvrage infrastructure qu'il souhaite construire ou aucun droit à faire respecter les obligations de performance d'une entreprise de construction de l'infrastructure. Il convient, en fait, de considérer une transaction IFR essentiellement comme un mécanisme de financement permettant de relier une composante de ressource naturelle à la construction précoce d'un ouvrage d'infrastructure par le biais d'un mécanisme de crédit reposant sur la promesse d'un flux de revenus.

Partage des risques

La conception d'un projet quelconque, quel que soit le modèle considéré, consiste fondamentalement à trouver comment partager les risques. L'établissement de mécanismes de partage des risques dans le cadre d'une transaction IFR suit le même processus, il est vrai en associant la composante de mise en valeur de la ressource à une ou plusieurs composantes de passation de marchés au titre de l'ouvrage d'infrastructure. La répartition des risques est stipulée dans les contrats et dans les autres dossiers du projet, qui peuvent être structurés et négociés séparément pour chaque composante, compte tenu toutefois des interconnexions fondamentales entre les composantes de la ressource naturelle et de l'ouvrage d'infrastructure qui résultent du mode de financement retenu. Dans le cadre d'une transaction IFR, comme dans le cadre de toute transaction effectuée dans un modèle quelconque, il convient de répartir les risques en affectant chaque risque à la partie qui est la mieux en mesure de les assumer, et de fournir des incitations (généralement des pénalités sous forme de dommages-intérêts convenus) si la partie en question ne maintient pas le risque à un niveau acceptable et préalablement négocié.

Dans le modèle IFR, le promoteur du projet de la ressource naturelle assume le risque associé à l'achèvement du projet d'extraction de la ressource dans les délais impartis et dans les limites du budget convenu, et en fin de compte, à l'existence de la ressource dans les quantités « prouvées » et à la possibilité de l'extraire, de la transformer et de l'exporter moyennant un coût permettant de dégager des bénéfices. Sauf dans les circonstances les plus extrêmes et les plus exceptionnelles, les autorités ne garantiront pas l'existence de la ressource ni la rentabilité générale du projet de mise en valeur de cette dernière. Le promoteur du projet de mise en valeur de la ressource ne sera normalement pas tenu de rembourser les prêts avancés au pays hôte si les flux de revenus promis par l'État à l'appui du mécanisme de crédit s'avèrent inadéquats. Le promoteur peut, toutefois, être tenu de régler le montant des intérêts au-delà des montants capitalisés dans l'emprunt de l'État si les intérêts supplémentaires sont dus à un retard dans la mise en valeur de la ressource ou à un dépassement du budget engendrant une réduction des flux de revenus par rapport au montant convenu lors de la signature du mécanisme de crédit. Cette manière de procéder cadre avec l'approche suivie dans le modèle du financement sur projet, lorsque les retards d'achèvement ou d'autres défaillances au niveau de l'exécution ont un impact sur la rentabilité des investisseurs dans le projet. Le promoteur du projet n'est normalement pas responsable des retards ou des défaillances au niveau de l'achèvement de la composante de l'infrastructure (sauf s'il participe également à cette composante). Dans la mesure où le retard d'achèvement de la composante de la ressource naturelle retarde le remboursement du crédit accordé à l'État au titre de l'infrastructure, il pourrait toutefois être demandé au promoteur du projet de la ressource naturelle d'assumer le risque représenté par une accumulation d'intérêts supplémentaires.

Le promoteur du projet de la ressource naturelle ne doit pas assumer, dans la plupart des cas, les risques associés aux composantes de la construction de l'infrastructure dans le cadre d'une transaction IFR, à moins qu'il ne soit aussi un partenaire dans une structure de type PPP ou qu'il soit membre d'un consortium ayant conclu un contrat de construction pour l'ouvrage d'infrastructure et qu'il soit, par conséquent, partie à un ou plusieurs contrats concernant la composante de l'infrastructure. Lorsque les entrepreneurs chargés des travaux relatifs à la ressource naturelle et à l'ouvrage d'infrastructure sont des entités distinctes, le paiement des flux de revenus générés par le projet de la ressource naturelle au compte du service de la dette du mécanisme de crédit de l'État est l'unique lien existant entre le promoteur du projet de la ressource naturelle et la composante relative à l'infrastructure. Si la composante de l'infrastructure affiche un dépassement de budget, est achevée en retard ou présente des défaillances de tout autre nature ou, pire encore, échoue, le promoteur du projet de ressources naturelles n'est aucunement touché tant qu'il poursuit ses activités conformément au permis de mise en valeur et de production. La situation est en revanche différente lorsqu'un accord-cadre intergouvernemental relie de manière explicite la performance des entrepreneurs chargés du projet de construction de l'infrastructure et le maintien des droits du promoteur du projet de la ressource naturelle de poursuivre les activités de mise en valeur et de production. Cela peut être le cas lorsque les autorités nationales sont obligées d'employer, pour construire l'ouvrage infrastructure, des entrepreneurs nommés par la banque de développement pour pouvoir bénéficier du mécanisme de crédit.

Lorsque l'État est propriétaire de l'ouvrage d'infrastructure construit avec des fonds provenant du mécanisme de crédit, que ce soit directement ou par l'intermédiaire d'une entité d'État, la répartition des risques entre l'État et les entrepreneurs chargés de la construction de l'ouvrage est pratiquement la même que dans tout contrat conclu sur la base d'une transaction traditionnelle d'achat d'infrastructure par l'État. Les autorités peuvent exiger le respect de normes de construction et ont le droit de superviser les travaux et de recevoir des rapports périodiques, y compris des rapports sur les tests des matériaux utilisés dans la construction. Les paiements doivent être effectués à des stades prédéterminés des travaux, et le dépôt d'une garantie d'achèvement et de bonne exécution des travaux peut être demandé. Les garanties habituelles fournies dans ce domaine d'activité doivent être données à l'État, en sa qualité de propriétaire, et des dommages et intérêts doivent être versés en cas de non-respect des prescriptions ou des calendriers du projet. Lorsque la performance ne satisfait pas aux normes minimales acceptables et que l'entrepreneur ne prend pas de mesures pour remédier à la situation, les autorités ont le droit de rejeter les composantes qui ne sont pas conformes ; et, si l'ouvrage est inutilisable ou ne peut pas être utilisé dans de bonnes conditions de sécurité par suite du manque de conformité de certaines composantes, les autorités sont en droit de rejeter l'intégralité du projet.

Le modèle IFR présente une caractéristique importante qui tient à l'allocation du risque de l'entité accordant le mécanisme de crédit à l'État. Dans un contrat établi sur le modèle du financement sur projet, il est dans l'intérêt du prêteur d'assurer la supervision des travaux de construction et des activités d'exploitation et d'entretien de l'ouvrage d'infrastructure construit au moyen des fonds du prêt parce que cet ouvrage est la seule source de revenus permettant de rembourser le prêt. Il s'ensuit que, dans une transaction de financement sur projet, les autorités peuvent, du moins en partie, compter sur des consultants du prêteur (et de l'investisseur ayant pris des participations dans le projet) pour assurer le suivi de la performance de la société de construction. Dans une transaction IFR, le prêteur compte, en revanche, sur les flux de revenus qui seront générés par la composante de la ressource naturelle et qui ont été promis par l'État pour rembourser le prêt, de sorte que l'effort que le prêteur est prêt à consacrer à la supervision de la construction de l'ouvrage d'infrastructure est probablement nettement moins important. Les autorités doivent donc être prêtes à assumer pleinement la responsabilité des efforts menés pour s'assurer que les prescriptions concernant la composante de l'infrastructure sont correctement spécifiées dans le contrat de construction et que l'ouvrage est correctement construit. Comme nous le verrons dans la prochaine sous-section, le risque assumé par l'État peut être atténué par l'adoption de certaines caractéristiques du modèle PPP pour cette composante.

L'État doit aussi envisager un autre mode de répartition des risques lors de la négociation d'un mécanisme de crédit pour une transaction IFR : i) lorsqu'une entité nationale de financement du développement participe à la transaction et que ii) cette entité subordonne l'approbation du mécanisme de crédit à la condition que les autorités engagent un fournisseur de biens et services particulier (ou un petit nombre de fournisseurs) pour les composantes de l'infrastructure. Plus les conditions d'utilisation des fonds du mécanisme de crédit sont restrictives, plus le risque que l'entité de financement du développement assume si les travaux menés dans le cadre de la composante de l'infrastructure dépassent le budget, sont en retard ou de piètre qualité, devrait être élevé. Dans le modèle IFR, même si l'ouvrage d'infrastructure construit est de très mauvaise qualité (et les plaintes concernant les défauts de construction des infrastructures sont l'une des principales critiques formulées à l'encontre des transactions IFR actuelles), l'organisme de financement est assuré d'être intégralement remboursé tant que la composante de ressources naturelles produit des résultats satisfaisants. Faire retomber un risque plus important sur l'organisme de financement revient à faire jouer à celui-ci un rôle plus similaire à celui du prêteur dans une transaction effectuée sur le modèle du financement sur projet (un risque accru pourrait, par exemple, entraîner une augmentation du coût du prêt), même si le prêt doit être remboursé au moyen des revenus générés par la composante de la ressource naturelle, qui peuvent ne pas se concrétiser avant une dizaine d'années. La manière précise de procéder à ce type d'allocation des risques dépend des circonstances particulières à chaque projet.

Propriété de l'État/coentreprises

Le fait que l'État détienne une part du capital, ou exerce un « droit de participation », que ce soit directement ou par l'intermédiaire d'une entreprise d'État, soulève des préoccupations qui sont différentes pour la composante de la ressource naturelle et pour la composante de l'infrastructure du modèle IFR. Elles sont par contre similaires à celles auxquelles l'État se trouve confronté pour les ressources dans le cas d'un projet de mise en valeur traditionnelle d'une ressource naturelle, et pour l'ouvrage d'infrastructure dans le cas d'une transaction réalisée sur le modèle du financement sur projet ou du modèle PPP. Dans le modèle traditionnel d'acquisition d'une infrastructure par l'État, l'État acquiert manifestement l'intégralité de la propriété de l'infrastructure qu'il achète. La part acquise par l'État dans une transaction IFR peut être considérée de manière distincte pour la composante de la ressource naturelle et pour la composante de l'infrastructure. Lorsqu'une transaction IFR donne lieu à plusieurs projets d'infrastructure qui sont financés par le mécanisme de crédit, les autorités peuvent également décider, séparément pour chaque projet, de prendre une part intégrale, partielle, ou encore de ne pas participer au capital du projet, selon les objectifs qu'il poursuit dans chaque cas.

En ce qui concerne la composante relative à la ressource naturelle, l'État décide de prendre une participation au capital du projet selon le même processus qu'il suit pour tout autre projet de ce type mené dans le pays. Si la législation régissant la mise en valeur des hydrocarbures ou des minerais, par exemple, permet à une entité d'État d'exercer un droit de participation qui lui permet de « prendre » ou de se « réserver » une part du capital de chaque projet, ces dispositions s'appliquent également à la composante de la ressource naturelle d'une transaction IFR. Cette participation au capital du projet de l'État procure à ce dernier un flux de revenus supplémentaires (redevances, impôts sur le revenu et autre taxes et frais de permis) qu'il peut engager pour garantir le mécanisme de crédit qui lui permettra de financer la composante de l'infrastructure du projet IFR.

Dans le cas de la composante de l'infrastructure, comme nous l'avons vu précédemment, les investissements dans les ouvrages qui font partie d'une transaction IFR peuvent être structurés sous forme d'investissements dans des installations faisant l'objet de contrats et appartenant intégralement à l'État, comme dans un modèle traditionnel d'acquisition d'infrastructures par l'État, ou sous forme d'investissements présentant les caractéristiques de tout modèle de type PPP, y compris des modèles très semblables au modèle de financement sur projet (à la différence essentielle que ce sont les flux de trésorerie qui, selon les projections, seront générés par le projet, qui financeront ce dernier).

Les autorités pourraient souhaiter faire participer le secteur privé à la composante de l'infrastructure d'une transaction IFR pour les mêmes raisons qu'elles pourrait souhaiter faire participer le secteur privé à une transaction de financement sur projet ou à une transaction PPP, c'est-à-dire :

- Pour s'associer à une autre partie privée dotée de compétences spécialisées, qui aurait intérêt à veiller à ce que l'entrepreneur chargé de la construction de l'ouvrage d'infrastructure s'acquitte de ses prestations de la manière voulue
- Pour disposer sur place d'un exploitant durant la phase de construction de manière à veiller à ce que les nouvelles installations soient utilisées correctement et efficacement une fois la construction achevée
- Pour apporter des capitaux supplémentaires (ou utiliser des fonds de bailleurs supplémentaires) pour obtenir toutes les installations qui se seraient pas couvertes dans le contrat de construction de l'infrastructure

Un partenaire privé participant aux activités d'exploitation et d'entretien de l'ouvrage d'infrastructure pourrait ne pas avoir de lien avec l'entrepreneur construisant cet ouvrage. Par exemple, lorsque les autorités effectuent un prélèvement sur le mécanisme de crédit établi dans le cadre d'une transaction IFR pour construire un nouvel hôpital, elles peuvent procéder à un appel d'offres distinct pour trouver l'opérateur hospitalier qui équipera le bâtiment, recrutera son personnel et gérera ses activités pendant, par exemple, dix ans.Cet opérateur pourra prendre un intérêt au capital de l'hôpital et les fonds qu'il injectera serviront à acheter des équipements et des fournitures, ainsi qu'à recruter et à rémunérer le personnel. Il pourrait aussi lui être demandé de superviser la construction du bâtiment de manière à s'assurer que toutes les prescriptions sanitaires, les systèmes et les autres éléments devant être fournis par l'entrepreneur chargé de la construction sont dûment respectés et mis en place.

L'exemple présenté au paragraphe précédent a pour objet de montrer comment obtenir accès à des compétences spécialisées et à d'autres capitaux pour intégrer les nouvelles infrastructures achetées dans le cadre du mécanisme de crédit d'une transaction IFR. Il existe d'autres démarches, qui consistent à associer le promoteur du projet de la ressource naturelle et/ou l'entrepreneur chargé de la construction de l'ouvrage d'infrastructure dans une coentreprise constituée pour la composante de l'infrastructure. La démarche qu'il convient de retenir pour une transaction IFR déterminée ou pour une partie de celle-ci, dépend des priorités et des objectifs de l'État pour chaque composante.

CHAPITRE 7

Questions opérationnelles

Le modèle des infrastructures financées par des ressources naturelles (IFR) incorpore des incitations conçues dans le but d'assurer que les ouvrages d'infrastructure sont construits conformément aux normes prescrites et que les plans et les budgets relatifs aux activités d'exploitation et d'entretien sont dûment préparés et adoptés. Elles partent du principe bien établi selon lequel le propriétaire (qui paye pour l'actif) a intérêt à entretenir son actif pour en tirer la valeur économique la plus élevée possible au cours du temps. Lorsqu'une transaction IFR entraîne la prise de possession par l'État d'un ouvrage d'infrastructure, ce dernier — comme dans un modèle traditionnel d'acquisition d'une infrastructure par l'État —acquiert cet ouvrage au moyen de ses propres fonds (bien qu'il emprunte les ressources nécessaires sur la base de ses futurs flux de revenus). En tant que propriétaire, l'État a intérêt à prendre toutes les mesures nécessaires pour s'assurer qu'il obtient un ouvrage de haute qualité à un prix correct. Lorsque les ouvrages d'infrastructure construits dans le cadre d'une transaction IFR doivent être détenus et/ou exploités par l'intermédiaire d'une structure sur le modèle du partenariat public-privé (PPP), l'État et le partenaire privé ont tous deux intérêt à entretenir l'ouvrage, comme dans toute transaction PPP.

Ce n'est pas parce que le modèle IFR, comme les autres modèles, offre les bonnes incitations, que ces dernières sont dûment prises en compte dans des transactions particulières ou que, si une transaction est correctement structurée, le projet sera réalisé de manière efficace. De nombreux projets, suivant des modèles divers, n'ont malheureusement, pas répondu aux attentes. Les observations limitées disponibles, à ce jour, sur les transactions IFR ont suscité des critiques au motif que les ouvrages d'infrastructure construits se sont dégradés très rapidement, en particulier dans le cas des projets routiers.

Il ressort principalement de ces critiques des premières transactions IFR que les parties prenantes de ces projets peuvent ne pas avoir suffisamment préparé la période suivant l'achèvement de la construction de l'ouvrage d'infrastructure, même lorsque les prescriptions des contrats de construction étaient adéquates et que les contrats de construction ont été bien gérés. Les transactions IFR comportent un risque particulier, qui ne se pose pas dans le cas des transactions de financement sur projet ou même dans le cas de la plupart des transactions PPP, parce que les prêts consentis au titre de la composante de l'infrastructure sont remboursés au moyen de flux de revenus générés ultérieurement par la ressource naturelle, et promis par l'État. Les critiques formulées à l'encontre de la construction déficiente des ouvrages d'infrastructure dont l'État est propriétaire ne se limitent pas aux seules transactions IFR ; ce genre de problème se pose bien trop fréquemment lorsqu'un pays obtient des infrastructures par le biais d'une aide liée. De nombreux projets, en particulier les grands projets inutiles « donnés » aux pays par des États étrangers, ou construits pour un événement particulier

(par exemple un sommet régional ou un tournoi de football) se caractérisent généralement par la mauvaise qualité de leur construction et leur dégradation précoce.

Nous sommes d'avis que les autorités nationales et les autres parties prenantes qui
comprennent bien le modèle IFR prendront dûment note des incitations offertes dans
le cadre de chaque transaction pour assurer le succès des phases opérationnelles du
projet. Les principales questions opérationnelles que doivent considérer les parties prenantes et auxquelles elles doivent apporter une réponse avant de se lancer dans une
transaction IFR sont examinées ci-après.

Qualité de l'infrastructure/supervision par une tierce partie

La nécessité de veiller à la qualité de la construction et de procéder à une supervision
et à un suivi indépendant du respect des prescriptions en matière de construction et
des normes environnementales et sociales est tout aussi importante pour les transactions
menées sur le modèle IFR que pour les transactions suivant les autres modèles. La partie
qui a le plus intérêt à assumer ces fonctions diffère toutefois quelque peu selon
les modèles.

Par exemple, dans une transaction basée sur le modèle du financement sur projet ou
sur le modèle PPP, en particulier lorsque les recettes tirées du projet seront la seule
source de financement pouvant être utilisée pour rembourser la dette, l'entité ad hoc
propriétaire et le prêteur ont tous deux fortement intérêt à superviser le processus de
construction. Lorsqu'il s'agit d'un projet de très grande envergure, ils ont chacun généralement leurs propres ingénieurs-conseils — dits « ingénieurs indépendants » — qui
supervisent de près tous les aspects du processus de construction. Les entrepreneurs
chargés des travaux recevront des paiements à certaines étapes déterminées uniquement
après que les deux équipes d'ingénieurs conseils aient convenu que les matériaux utilisés et les travaux réalisés sont conformes aux normes prescrites.

Le promoteur du projet de mise en valeur de la ressource naturelle participant à une
transaction IFR a, quant à lui, tout autant intérêt à veiller au respect de toutes les prescriptions que s'il s'agissait d'une transaction traditionnelle de mise en valeur d'une ressource naturelle. Ces prescriptions comprennent les réglementations environnementales,
les règlementations du travail et d'autres prescriptions juridiques générales, en plus des
dispositions des permis de mise en valeur et de production de la ressource naturelle,
notamment le paiement des redevances et des taxes applicables. Tout manquement per-
sistant à se conformer aux prescriptions juridiques et autres applicables à la mise en valeur
et à la production de la ressource peut entraîner la révocation du permis de production et,
par conséquent, la perte de l'investissement (et manifestement des bénéfices escomptés).

Les entités prêtant au promoteur d'un tel projet ont également fortement intérêt à
veiller au respect des prescriptions et recrutent fréquemment des consultants extérieurs
pour assurer le suivi des performances pendant toute la durée du financement de la
composante de la ressource naturelle. Si elles financent de surcroît le mécanisme de
crédit accordé à l'État pour lui permettre d'acquérir l'ouvrage d'infrastructure, elles sont
encore plus incitées à veiller à ce que la composante de la mise en valeur de la ressource
naturelle respecte les prescriptions et donne de bons résultats.

Les autorités nationales, qui ont qualité pour réglementer la production de la ressource naturelle, ont manifestement l'obligation d'assurer le suivi et le respect des
conditions du permis, de veiller au respect des prescriptions du contrat de construction,
des normes environnementales et sociales et des autres dispositions juridiques, et de
contrôler l'exactitude du calcul des redevances dues à l'État aux termes du permis de
production de la ressource naturelle. En leur qualité de percepteur d'impôts, elles
doivent faire respecter le régime fiscal en vigueur et, parce que l'État est propriétaire de
l'entreprise d'État partie au projet de ressources naturelles (qui est partenaire ou copro-

priétaire du projet de la ressource) il est dans leur intérêt de veiller à ce que ces droits soient également protégés et respectés.

Dans le cas de la composante de l'infrastructure d'une transaction IFR, les autorités nationales doivent assumer la responsabilité principale de la supervision de la construction. Comme indiqué précédemment, le financement de l'investissement dans l'ouvrage d'infrastructure sera remboursé par les flux de revenus que ce dernier tirera de la composante de la ressource naturelle et qu'il a promis d'affecter à cette fin, de sorte que le prêteur n'est guère incité à faire respecter les normes de qualité si ce n'est pour s'assurer que les décaissements sont effectués de bonne foi sur présentation des documents pertinents témoignant de la réalisation des prestations convenues.

Il faut, pour procéder à l'assurance de la qualité des projets d'infrastructure, avoir des connaissances et des compétences spécialisées dans les domaines propres à chaque type de projet. Cela signifie que, dans la mesure où les autorités ne disposent pas du personnel possédant les compétences requises pour superviser directement les travaux de construction, elles doivent recruter un cabinet d'experts conseils non associé à l'entrepreneur principal chargé de la construction de l'ouvrage d'infrastructure, et de préférence d'un autre pays que ce dernier. Si les consultants chargés d'assurer la qualité ne peuvent être recrutés au moyen des fonds de mise à disposition dans le cadre de l'accord de crédit conclu avec l'État pour le projet IFR, les autorités peuvent solliciter des fonds d'autres sources à cette fin. Tout contournement des procédures d'assurance de la qualité se solde inévitablement par des résultats de piètre qualité de sorte que, pour aussi onéreux qu'ils puissent paraître, les travaux d'assurance de la qualité sont indispensables à l'optimisation par l'État de la valeur que celui-ci peut tirer des flux de revenus générés par la ressource naturelle qu'il a promis de verser.

Il existe diverses manières d'assurer une supervision adéquate des travaux de construction. Une option consiste, pour les autorités, à adopter une structure PPP pour la phase opérationnelle de l'ouvrage d'infrastructure et à exiger que le partenaire privé assume la responsabilité de l'assurance de la qualité durant la phase de la construction (directement ou en recrutant un cabinet d'experts en assurance de la qualité ; une autre option consiste à faire retomber une partie du risque sur le prêteur, notamment lorsque ce dernier limite le choix des autorités à une liste prédéterminée de sociétés de construction pour l'ouvrage d'infrastructure, peut-être en obligeant le prêteur à renoncer au remboursement de tout ou partie du crédit consenti à l'État s'il s'avère qu'une composante de l'infrastructure n'a pas été réalisée conformément aux normes prescrites. Cette manière de procéder ferait concorder, du moins en partie, les intérêts du prêteur et ceux de l'État puisque le prêteur serait incité à recruter un ingénieur conseil indépendant, et il pourrait forcer l'entrepreneur à accepter de régler des dommages-intérêts en cas de mauvaise performance, ce qu'il ne serait peut-être pas disposé à faire en d'autres circonstances. Fondamentalement, le remboursement du prêt serait subordonné à la performance systématique de l'ouvrage d'infrastructure même si le prêt doit être remboursé à partir de flux de revenus devant être générés par la ressource naturelle. À terme, toutefois, il peut devenir difficile de déterminer si un ouvrage d'infrastructure se dégrade de manière prématurée parce qu'il a été mal construit ou parce qu'il est mal entretenu.

Quelle que soit l'option ou la combinaison d'options retenues, pour qu'une transaction IFR puisse garantir que les ouvrages inclus dans la composante de l'infrastructure sont construits conformément aux normes convenues, il est essentiel que les parties au processus de négociation veillent à ce que les prescriptions relatives à la composante de l'infrastructure soit dûment établies dès le départ — il peut falloir pour cela, que les autorités obtiennent la participation d'un consultant indépendant si elles ne disposent pas elle-même des compétences requises — et que la couverture de la garantie, y compris les indemnités exigibles, cadre avec le type d'ouvrage construit.

Exploitation et entretien de l'ouvrage d'infrastructure

Les activités d'exploitation et d'entretien sont essentielles à la plupart des projets d'infrastructure, que ce soit dans les pays en développement ou dans les pays développés. Dans un projet d'infrastructure réalisé sur le modèle de financement sur projet, il est dans l'intérêt de l'investisseur privé, comme dans celui des prêteurs, de veiller à ce que l'ouvrage soit exploité et entretenu correctement pendant toute la durée de vie de l'investissement ; si l'ouvrage cesse d'être opérationnel, le projet cesse de produire des revenus, et aussi bien les prêteurs que l'investisseur qui a fourni une part du capital perdent leurs apports. Le recours au modèle PPP peut protéger en partie les investisseurs si le projet échoue en faisant retomber une partie des pertes sur l'État en tant que partenaire au projet. Avec le modèle traditionnel des transactions d'acquisition d'infrastructures par l'État, de nombreux pays en développement ont malheureusement moins de difficultés à obtenir des financements auprès de bailleurs de fonds et d'organismes de crédit à l'exportation pour construire de nouvelles infrastructures que pour financer de prudentes opérations d'entretien courant.

Dans une transaction IFR, le mécanisme de crédit, dont le remboursement doit être effectué au moyen des flux de revenus qui seront générés par la composante de la ressource naturelle et qui ont été promis par l'État, sert à financer l'ouvrage d'infrastructure mais, parce que le prêteur compte sur la composante de la ressource naturelle pour être remboursé, il peut ne pas se préoccuper de la viabilité à long terme de cet ouvrage. Il incombe donc aux autorités de s'assurer que l'ouvrage d'infrastructure qu'il acquiert au moyen du mécanisme de crédit est exploité et entretenu de manière à procurer de la valeur au pays, de la même manière qu'il le ferait dans le cadre d'une transaction traditionnelle d'acquisition d'infrastructures.

Il serait possible, pour améliorer la situation, d'utiliser une fraction additionnelle des fonds alloués dans le cadre du mécanisme de crédit associé à la composante de la ressource dans le cadre d'un projet IFR pour acquérir un contrat d'exploitation et d'entretien pluriannuel auprès d'une société d'exploitation et d'entretien, qui pourrait être une société affiliée à la société de construction (ce qui reviendrait essentiellement à faire du projet d'infrastructure une activité de type PPP). Cette manière de procéder pourrait être employée pour différents types de projets d'infrastructure, par exemple des projets de construction de bâtiments scolaires ou hospitaliers, des projets d'approvisionnement en eau ou de traitement des eaux usées, ou encore des projets routiers. Le contrat pourrait couvrir une période définie de manière à prendre fin lorsque l'État pourra probablement tirer du projet de la ressource naturelle — ou de tout autre source — un montant de revenus non engagés à un autre titre suffisant pour pouvoir effectuer des paiements au titre des dépenses d'exploitation et d'entretien de manière régulière. Une telle démarche réduirait le recours au mécanisme de crédit d'un montant égal au coût du contrat d'exploitation et d'entretien pendant la période considérée, mais garantirait la pérennité de l'investissement et pourrait améliorer les conditions de garantie pour l'entrepreneur chargé des travaux de construction de l'ouvrage si une société qui lui était affiliée était recrutée pour assurer l'exploitation et l'entretien de ce dernier.

Il serait aussi possible aux autorités d'utiliser l'intégralité des fonds du mécanisme de crédit dès que possible pour financer les projets de construction des ouvrages d'infrastructure et de trouver d'autres sources de financement (notamment des dons/prêts de bailleurs de fonds, de partenaires du secteur privé), pour financer certaines catégories de dépenses d'exploitation et d'entretien. Cette manière de procéder est celle qui donne les meilleurs résultats lorsque l'ouvrage d'infrastructure peut générer un certain volume de recettes — suffisant, par exemple, pour couvrir les dépenses courantes au titre des salaires — mais insuffisantes pour financer les autres dépenses d'exploitation et d'entretien nécessaires à l'entretien des installations physiques ou au renouvellement des équipements et des fournitures.

Dans tous les cas, séparer la composante d'exploitation et d'entretien du projet d'infrastructure de l'appel d'offres lancé au titre de la construction de l'ouvrage est un autre moyen d'accroître la transparence et la concurrence dans le cadre d'une transaction IFR, surtout lorsque les conditions du mécanisme de crédit ont été établies de manière à limiter la latitude dont disposent les autorités nationales pour attribuer le marché initial de construction par voie d'appel à la concurrence.

Prescriptions des normes techniques et critères de suivi

Quel que soit le projet considéré, et quel que soit le modèle sur lequel il est basé, les autorités doivent définir des prescriptions techniques claires avant la négociation du contrat et le début des travaux de construction. Le choix des normes retenues pour un projet a un impact direct sur son coût. Il est tout aussi important de convenir des normes pour la composante de l'infrastructure et pour celle de la ressource naturelle d'un projet IFR — en particulier des normes environnementales et sociales — dans le cadre des négociations d'une transaction IFR que dans celui de toute autre type de transaction, qu'il s'agisse d'une transaction traditionnelle d'acquisition d'une infrastructure par l'État ou d'un financement sur projet.

Les investisseurs potentiels d'une transaction IFR (y compris les autorités d'un pays proposant un accord-cadre au nom d'un promoteur d'un projet de ressources naturelles) peuvent soumettre ce qui peut sembler initialement être « une affaire réglée » : le dossier ne comporte pratiquement aucune, sinon aucune, prescriptions pour les travaux de construction et il n'existe guère de latitude pour négocier. Les autorités du pays hôte doivent, en revanche, négocier ces transactions de manière à s'assurer que les ouvrages d'infrastructure seront construits conformément aux normes locales. Elles ne doivent jamais oublier que ces ouvrages sont financés par les ressources de l'État même si celles-ci consistent en flux de revenus qui ne se matérialiseront qu'à une date future.

Encadré 7.1 Le choix des normes

Il n'est pas possible d'indiquer la liste intégrale des normes qui doivent être retenues pour un projet particulier sans considérer le projet en question. La sélection de normes inadaptées peut se traduire par des ouvrages d'infrastructure également inadaptés. Par exemple, si la norme retenue pour la construction d'une centrale exige l'adoption de mesures onéreuses de protection contre les tremblements de terre alors que la zone dans laquelle la centrale sera construite n'est pas une zone d'activité sismique, le coût de la centrale sera inutilement élevé. Par contre, si le contrat établi pour un projet routier comporte des normes qui ne prennent pas en compte les conditions du sous-sol dans la zone dans laquelle la route sera construite ou le type de camion qui empruntera la route, le coût du projet sera faible mais la route se dégradera probablement très rapidement. Il n'est donc pas nécessaire d'utiliser les normes les plus rigoureuses dans tous les cas, mais il faut retenir — et faire respecter — les normes qui sont pertinentes pour le projet considéré.

La formulation de normes, et leur mise à jour, constitue une tâche réglementaire onéreuse. Il est possible d'économiser du temps et de l'argent en adoptant les normes formulées par un autre pays, sous réserve de les avoir dûment examinées et de s'être assuré qu'elles sont adaptées au projet particulier considéré. Il existe également des normes largement reconnues, comme les contrats de construction de FIDIC établis par la Fédération internationale des ingénieurs conseils, ou les normes IEEE formulées par l'Institut des ingénieurs électriciens et électroniciens. Ces normes comportent souvent différentes séries de dispositions qui peuvent être choisies en fonction des

suite de l'encadré à la page suivante

Encadré 7.1 Le choix des normes *(suite)*

circonstances particulières à chaque projet. Les normes acceptées au plan international présentent l'avantage d'être connues de nombreux fournisseurs et promoteurs, ce qui a pour effet d'accroître la compétitivité du processus d'appel d'offres et de réduire le coût de la supervision et de l'assurance de la qualité. Les normes utilisées doivent, même lorsqu'il s'agit de normes acceptées au plan international, être adaptées aux besoins du projet particulier mené par les autorités.

Les autorités doivent se charger d'assurer le suivi de la construction et de l'exploitation des ouvrages d'infrastructure construits dans le cadre de transactions IFR, tout comme elles doivent le faire dans le cadre de tout autre contrat de construction rentrant dans le cadre d'une transaction traditionnelle d'achat d'infrastructures par l'État. L'on peut compter sur l'investisseur dans la composante de la ressource naturelle, et son prêteur pour superviser la construction des installations de la composante de la ressource naturelle, et des infrastructures connexes, pour s'assurer que ces installations sont conformes aux prescriptions techniques, mais même dans ce cas l'État a le droit — et l'obligation — de superviser les travaux de construction pour s'assurer du respect de toutes les normes environnementales et sociales, en plus du respect des codes de constructions applicables.

Si les autorités ne comptent pas, parmi leurs effectifs, de spécialistes pouvant assurer de manière adéquate le suivi de la construction de l'ouvrage d'infrastructure ou des installations du projet de ressources naturelles ou des activités d'exploitation, ou encore des aspects techniques, environnementaux ou autres, elles peuvent recruter des consultants spécialisés. Le coût de ces consultants peut être réglé directement à partir des ressources de l'État, à partir de fonds mis à disposition par d'autres bailleurs, ou par des fonds provenant du mécanisme de crédit établi dans le cadre de la transaction IFR. Les autorités détermineront les parties des rapports de supervision du respect des normes (dans la mesure où elles ne contiennent pas d'informations confidentielles) qui seront rendues publiques, pour accroître la transparence des transactions et réduire le scepticisme de la population. Il est extrêmement important de faire preuve de transparence au cas où les responsables du suivi découvriraient des problèmes au niveau de la construction ou de l'exploitation d'un élément quelconque des ouvrages ou des installations d'une transaction ; l'admission publique de l'existence d'un problème et la communication des mesures qui seront prises pour y remédier auront pour effet d'améliorer l'idée que se fait le public du projet et du rôle joué par les autorités dans ce dernier.

CHAPITRE 8

Conclusions

Comme nous l'avons vu, le modèle des infrastructures financées par des ressources naturelles (IFR) a été mis au point dans le but de répondre aux besoins des investisseurs et des pays. Les autorités publiques des pays en développement riches en ressources naturelles souhaitent acquérir des ouvrages d'infrastructure essentiels pour améliorer les conditions de vie de leur population et promouvoir leur croissance économique ; les promoteurs de projets de ressources naturelles qui ont détecté des gisements prometteurs d'hydrocarbures, de minerais ou d'autres ressources souhaitent investir dans la mise en valeur et dans la production de ces ressources pour dégager des profits. Le modèle IFR fait le lien entre l'activité de mise en valeur des ressources naturelles et l'accès plus rapide des pays à des ouvrages d'infrastructure en ayant recours à un mécanisme de financement novateur.

Il est clair, avec le recul du temps, que l'exécution des premiers projets qui peuvent être considérés avoir suivi des variantes du modèle IFR n'a pas été idéale, comme en témoignent les critiques formulées dans la presse et par les théoriciens à l'encontre de ces projets. Nous estimons toutefois que les problèmes d'exécution, tels qu'ils sont perçus, tiennent en grande partie à une compréhension insuffisante du modèle IFR — aussi bien par les parties prenantes que par les critiques — qui le considèrent comme une forme d'« échange » ou de « troc » plutôt que comme un nouveau mode de financement.

Les auteurs de cette étude considèrent que le modèle IFR a beaucoup à offrir, en particulier parce qu'il permet de construire des ouvrages d'infrastructure à une date plus précoce en promettant, moyennant un droit de recours limité, les revenus que l'État tirera à une date future d'un projet de mise en valeur d'une ressource naturelle. Des financements concessionnels ont été accordés jusqu'à présent dans le cadre de ces transactions, en particulier par le pays de la société chargée de mettre en valeur la ressource naturelle, mais nous estimons qu'il serait possible pour d'autres bailleurs et institutions de financement de financer des investissements ou des prêts en parallèle dans un projet IFR pour accroître la valeur que revêt ce dernier pour le pays en stimulant la concurrence, en améliorant la viabilité, et en améliorant les facteurs environnementaux et sociaux.

Les parties prenantes doivent considérer de nombreuses questions financières, structurelles et opérationnelles importantes — et interdépendantes — avant d'entreprendre la négociation d'une transaction sur le modèle IFR. La plupart de ces questions se posent dans tous les modèles, et dans tous les pays. La manière dont elles sont réglées dépend toutefois de la transaction considérée et des intérêts et des stratégies spécifiques des participants à la transaction en question.

Nous avons préparé cette étude, non pas pour régler les questions évoquées précédemment, mais pour amener les parties prenantes à débattre de nouveaux modes de financement des projets d'infrastructures qui pourraient être très utiles dans le monde en développement. Les parties intéressées, qui pourraient participer à une transaction IFR peuvent examiner les problèmes rencontrés jusqu'à présent dans le cadre du modèle IFR pour créer et mettre en œuvre de meilleures transactions à l'avenir.

Nous attendons avec intérêt ces débats.

TROISIÈME PARTIE

Commentaires

Paul Collier
Co-directeur, Centre for the Study of African Economies,
    Université d'Oxford
Professor of Economics and Public Policy, Blavatnik School of
    Government, Oxford University

Alan Gelb
Associé principal, Center for Global Development
Ancien Économiste en chef de la Banque mondiale pour l'Afrique

Justin Yifu Lin
Doyen honoraire, Centre national pour le développement de
    l'Université de Pékin
Ancien Économiste en chef de la Banque mondiale

The Rt. Hon. Clare Short
Présidente, Initiative pour la transparence dans les industries
extractives

Yan Wang
Professeure invitée, George Washington University

Louis T. Wells
Herbert F. Johnson Professor Emeritus, Harvard Business School

Commentaires de Paul Collier

Co-directeur, Centre for the Study of African Economies,
Oxford University
Professeur d'économie et de politique publique,
Blavatnik School of Government, Oxford University

Cette étude est utile, mais elle a une optique juridique plutôt économique. Je ferai donc ici cinq remarques d'ordre économique.

Premièrement, associer l'extraction d'une ressource naturelle à la construction d'une infrastructure est une *technologie d'engagement*. Un ministre des Finances prudent jugerait cet aspect de l'opération plutôt attractif. Si, par contre, le ministre en place suit les conseils type des institutions financières internationales (IFI), il vendra la ressource naturelle pour inscrire les revenus qu'il en tire au budget ; il s'assure ainsi une certaine souplesse qui lui permet de décider à quoi il consacrera ses dépenses, mais cette souplesse n'est pas toujours souhaitable ; les ministres qui assument la responsabilité d'épuiser leurs actifs naturels doivent avoir une technologie d'engagement pour garantir que les décideurs qui leur succéderont consacreront une fraction raisonnable de ces recettes non durables à l'accumulation d'actifs (de quelque type que ce soit). En règle générale, un ministre des Finances ne dispose pas d'une telle technologie d'engagement : lorsque les recettes sont générées, il se peut même qu'il ne soit plus ministre des Finances, et même s'il l'est son avis peut ne pas prévaloir dans un cabinet sur lequel il est fait pression pour assurer le financement de dépenses récurrentes. Ces pressions sont encore plus fortes lorsque les élections ont été contestées : les horizons des autorités raccourcissent alors même que la découverte de ressources exigerait que leur horizon se rallonge. Lorsqu'elles signent l'affectation de revenus futurs au financement d'ouvrages d'infrastructure, les autorités réalisent cet engagement préalable. À l'évidence, ce n'est pas l'option optimale. Cette dernière consisterait à avoir une technologie d'engagement d'actifs qui élargirait le choix de ces derniers. Mais elle peut être la meilleure option disponible.

Deuxièmement, l'opacité des opérations d'infrastructure financées par des ressources naturelles ([IFR] par la suite) est certes préoccupante. Mais c'est essentiellement parce qu'il existe une situation de monopole au niveau de l'offre de chacune de ces opérations. Si plusieurs promoteurs d'opérations groupées étaient présents sur le marché — par exemple, si des bailleurs bilatéraux s'associaient avec des sociétés d'exploitation de ressources naturelles et des entreprises de construction de leur pays — il serait possible de déterminer la valeur des transactions IFR par le jeu de la concurrence, même si la structure interne de ces transactions demeurait opaque. Il pourrait être plus réaliste de s'efforcer de procéder ainsi que de chercher à accroître la transparence des transactions. Les autorités nationales pourraient alors lancer un processus d'appel d'offres pour l'ouvrage d'infrastructure qu'elles souhaitent obtenir plutôt que de se trouver confrontées à des offres spontanées comme c'est à présent le cas.

Troisièmement, les autorités sont attirées par ces transactions en raison de leur rapidité. L'étude met l'accent sur la vitesse avec laquelle les financements sont accordés (par opposition à la période qui s'écoule avant que les ressources naturelles ne commencent à générer des revenus), mais l'une des autres grandes raisons de cette rapidité est que ces financements n'ont pas à se conformer aux lourdes procédures mises en place par les IFI pour l'octroi de financements au titre des infrastructures. Les évaluations des impacts environnementaux, les procédures d'appel d'offres et autres modalités sont imposées dans de bonnes intentions ; elles le sont toutefois, non pas à la demande expresse des autorités africaines, mais en réponse aux demandes exprimées par des organisations non gouvernementales occidentales. Je pense que, du fait de leur accumulation, ces procédures sont devenues elles-mêmes dysfonctionnelles parce qu'elles encouragent leur contournement total, ce qui est possible dans le cadre d'une transaction IFR actuelle. Les IFI doivent trouver le moyen de radicalement rationaliser leurs procédures pour satisfaire aux besoins exprimés par les autorités africaines car, sinon, elles pourraient cesser de pouvoir jouer le moindre rôle dans le processus d'investissement dans les infrastructures africaines.

Quatrièmement, bien que cette étude ne couvre explicitement que les ouvrages d'infrastructure qui ne sont pas associés, de par leur fonction, aux projets d'extraction, les ouvrages construits dans le cadre de ces transactions peuvent être de deux types différents. Certains n'ont aucun rapport avec les opérations d'extraction de la ressource — c'est le cas, par exemple, lorsque l'ouvrage d'infrastructure est un aéroport tandis que le projet de ressource naturelle consiste à extraire du minerai. D'autres ouvrages sont néanmoins construits parce qu'ils sont nécessaires aux activités d'extraction de la ressource. Ces derniers soulèvent des questions importantes, qui concernent les utilisateurs potentiels. Les autorités devraient généralement insister pour que les ouvrages d'infrastructures construits aux fins de l'extraction de la ressource soient conçus de façon à pouvoir servir à plusieurs catégories d'utilisateurs (c'est-à-dire à d'autres sociétés d'extraction de ressources) et à remplir différentes fonctions (par exemple assurer le transport de marchandises autres que la ressource naturelle). Ces conditions soulèvent toutefois des difficultés au niveau de la détermination des prix. Par exemple, une voie ferrée a des coûts fixes très élevés, de sorte que les coûts marginaux sont bien inférieurs au coût moyen. Pour utiliser cet ouvrage de manière efficace pour l'extraction d'une ressource, il est nécessaire que les coûts fixes soient couverts par le transport de la ressource naturelle de sorte que les utilisateurs autres que l'entreprise chargée de l'extraction de la ressource naturelle ne devraient acquitter que les coûts marginaux. Ceci doit être consigné dans la structure réglementaire convenue lors de l'établissement du contrat. L'État doit représenter les intérêts des utilisateurs potentiels autres que le promoteur du projet d'extraction de la ressource.

Considérons enfin certains ouvrages d'infrastructure (une centrale électrique par exemple, dont la construction est financée par les revenus qui seront générés à l'avenir par la ressource naturelle et qui ont été engagés par l'État à ce titre. Bien que les phases de négociation et de construction d'un ouvrage comme une centrale aient souvent soulevé trop de difficultés pour donner lieu à une opération de financement sur projet (ce qui explique pourquoi l'engagement des revenus tirés des ressources naturelles est nécessaire), une fois que la centrale est construite et en exploitation, elle pose relativement peu de risques. À ce stade, l'État pourrait revendre l'ouvrage à un exploitant privé. Il n'est pas nécessaire de convenir de cette opération au moment de la conclusion d'une transaction IFR, mais les autorités doivent garder cette option à l'esprit. Dans un contexte caractérisé par une pénurie de capitaux limités et des risques élevés, les autorités ne devraient pas bloquer leurs ressources limitées dans des ouvrages d'infrastructure à forte intensité de capital mais posant de faibles risques, qui pourraient être exploités par le secteur privé. L'engagement de revenus générés par la ressource naturelle est ainsi une garantie utile qui permet d'éliminer les obstacles qui entravent les financements sur projet dans des environnements difficiles.

Commentaires d'Alan Gelb

Associé principal, Center for Global Development

Ancien Économiste en chef de la Banque mondiale pour l'Afrique

La démarche des infrastructures financées par des ressources naturelles (IFR) suscite de fortes controverses. Cette étude est très utile parce qu'elle présente cette approche de manière systématique en se fondant sur plusieurs autres démarches pour expliquer ce qu'elle apporte de nouveau. Comme l'explique l'étude, la démarche IFR a trois composantes : la composante de la ressource naturelle qui définit les conditions dans lesquelles les futurs flux de revenus seront générés, la structuration d'un accord de prêt garanti par une partie des flux des revenus générés par la ressource, et l'utilisation anticipée des fonds pour financer les investissements dans des ouvrages d'infrastructure avant que les revenus tirés de la ressource ne se matérialisent. Cette manière de procéder permet au pays hôte d'hypothéquer une partie de ses revenus futurs pour accélérer ses plans de développement d'une manière qui serait sinon, peut-être, impossible.

L'étude établit une distinction entre les principes sur lesquels repose le modèle IFR, et la manière dont il a été effectivement appliqué dans le passé, en faisant valoir que les carences observées en pratique ne remettent pas nécessairement en cause les avantages de la démarche. Elle présente, en particulier, des arguments convaincants en faveur d'un accroissement de la transparence, qui aidera également à montrer que le modèle IFR est bien plus qu'un échange de ressources pour un ouvrage d'infrastructure. Si les premières transactions avaient été réalisées de manière transparente, il est tout à fait possible que la démarche n'ait pas suscité autant de controverses et de préoccupations. Comme le fait remarquer l'étude, toutes les démarches ont leurs points forts et leurs points faibles, de sorte que nombre des objections présentées à l'encontre du modèle IFR peuvent également s'appliquer aux autres démarches. Des questions continuent néanmoins de se poser quand aux incitations probablement offertes par ce type de contrat, notamment celles qui vont à l'encontre de la transparence.

La première question qu'il importe de se poser, lorsque l'on envisage une transaction IFR, concerne la nature de l'avantage que procure la titrisation des futurs flux de revenus tirés des ressources. L'étude ne montre pas clairement de quelle manière cette opération contribuer à renforcer le crédit d'un État qui présente des risques élevés et qui n'est pas en mesure de contracter un emprunt souverain. Le Zimbabwe, par exemple, pourrait-il renforcer son crédit en engageant les revenus qu'il tirera des diamants de la mine de Marenge ? Quelle autre garantie que celle du créancier souverain peut-elle être offerte aux prêteurs ? S'il n'en est guère, l'on pourrait s'attendre à ce qu'un prêt IFR ne puisse être obtenu d'un prêteur opérant « en toute indépendance » qu'à un prix élevé.

L'étude semble également partir de l'hypothèse que d'autres prêteurs, comme le Fonds monétaire international (FMI) ou une banque multilatérale de développement

(BMD), qui pourraient avoir imposé des conditions visant à limiter la contraction d'un volume plus important d'emprunts souverains, ne réagiront pas si l'État engage une partie des revenus qu'il tirera à l'avenir de ses ressources naturelles. Cela ne semble guère réaliste. Même si le pays était en mesure de contracter davantage d'emprunts en engageant le produit de futures taxes sur ses ressources, cela ne ferait que dégrader davantage sa cote de crédit pour les autres créanciers et pour d'autres emprunts, ce qui aurait un coût pour le pays, qui viendrait s'ajouter au coût de l'emprunt au titre de l'infrastructure.

Il faut ensuite se demander si la transaction IFR serait toujours aussi attractive si chacune des trois composantes était négociée séparément et dans des conditions de divulgation totale. Cela ne semble pas avoir été le cas jusqu'à présent. L'étude reconnaît que, dans tous les contrats IFR, il existe probablement des liens entre les trois composantes, et que cela nuit inévitablement à la transparence (par exemple, il est très probable que le prêteur soit une entité qui connaît bien les questions de mise en valeur des ressources). Elle note aussi un certain nombre de facteurs qui pourraient encourager l'existence de liens entre la société chargée de la mise en valeur de la ressource, les prêteurs et les sociétés de construction de l'ouvrage d'infrastructure, notamment la possibilité qu'il soit dans l'intérêt stratégique d'un pays importateur d'obtenir lui-même accès à la ressource. En l'absence de tels liens, le coût total de l'avance des frais de construction de l'infrastructure à un producteur de ressources jouissant d'une très faible cote de crédit pourrait être très élevé, en particulier si le prêteur prend intégralement en compte les risques. Lorsque de tels liens existent, et en l'absence d'une totale transparence au niveau de chacune des trois composantes, la transaction IFR devient extrêmement complexe, et il devient beaucoup plus difficile aux personnes qui ne sont pas parties à la transaction d'en comprendre les coûts et les avantages et d'en assurer le suivi, ce qui a pour effet de réduire le contrôle par les instances législatives des engagements financiers de l'État. Il est difficile de dire si le manque de transparence observé dans les transactions existantes est accidentel ou résulte d'un manque de compréhension de l'instrument.

Des questions subsistent donc en ce qui concerne la manière dont le modèle IFR permet réellement de remédier aux imperfections des marchés du crédit et la viabilité du modèle dans des conditions de transparence et d'indépendance.

L'étude présente une suggestion intéressante, qui a trait à l'utilisation de financements concessionnels de sources officielles pour abaisser le coût du crédit accordé sur la base des flux de revenus futurs promis par l'État. Il serait possible d'envisager plusieurs variantes, notamment une réduction du taux d'intérêt ou une garantie de risque partiel pour éviter le risque que l'État ne revienne sur l'accord. Pour que cette solution soit viable, il faudrait que la transaction IFR soit extrêmement transparente, au niveau des trois composantes ; il serait aussi souhaitable qu'elle donne lieu à des appels d'offres. Certains pays évoluent dans cette direction et il serait utile de tirer les leçons de leur expérience.

Une mise en garde s'impose, sur laquelle l'étude n'insiste pas suffisamment. On a pu observer, dans le passé, des périodes d'investissements accélérés d'une ampleur considérable dans une gamme de pays exportateurs de ressources. Ces phases d'expansion peuvent avoir de graves conséquences lorsque l'afflux de ressources permet d'accroître les investissements très rapidement, bien avant que les systèmes requis pour les gérer correctement puissent être mis en place. Il importe donc de faire encore plus preuve de prudence si l'on envisage d'appliquer le modèle IFR.

L'étude omet par contre de noter un important point en faveur de ce modèle. Au moins le pays producteur de la ressource naturelle bénéficiera d'un ouvrage d'infrastructure en contrepartie aux flux de revenus ; on pourrait en effet concevoir un autre scénario dans lequel les recettes pourraient ne pas être inscrites au budget ou bien être gaspillées ou volées. Une opération IFR peut également être considérée comme un mécanisme de pré-engagement, qui limite la capacité des futures équipes gouvernementales à s'approprier les importantes ressources détenues dans un fonds de patrimoine souverain.

Commentaires de Justin Yifu Lin*
et Yan Wang**

*Doyen Honoraire, Centre National pour le Développement
de l'Université de Pékin, et Ancien Économiste en Chef
de la Banque Mondiale

**Professeure invitée, George Washington University

L'économie mondiale a besoin d'une stratégie d'accélération de la croissance, et le financement de l'infrastructure semble être la clé du problème[1]. Dans le contexte des financements à long terme pour l'après 2015, ces travaux de recherche entrepris par la Banque mondiale, qui visent à mieux évaluer la démarche des infrastructures financées par des ressources naturelles (IFR) sont opportuns. L'étude fournit un cadre permettant d'évaluer les points forts et les points faibles de différentes modalités contractuelles de financement des infrastructures, parmi lesquelles la démarche IFR. Elle est pertinente, l'objectif est fondé. Cet effort d'analyse devrait se poursuivre.

Les auteurs ont raison de mettre l'accent sur la dimension temporelle de la démarche IFR en faisant remarquer qu'« il peut avoir d'importants avantages pour un pays [hôte] et ses citoyens, …. **de nombreuses années** avant que n'aurait pu le faire un autre modèle », mais l'étude n'aborde guère les aspects « structurels » de l'analyse. Nous souhaitons, en nous fondant sur les éléments théoriques de New Structural Economics (Lin 2012), faire ressortir les aspects du concept IFR qui ont un impact sur le développement, en mettant plus particulièrement l'accent sur ses dimensions « structurelles », « monétaires » et « spatiales », ainsi que sur les questions d'économie politique et de transparence, et laisserons l'évaluation des transactions IFR antérieures à de futurs travaux d'analyse.

Premièrement, le développement économique est un processus d'amélioration industriel et technologique continu dans le cadre duquel tout pays, quel que soit son niveau de développement, peut progresser, s'il met en place des industries compatibles avec l'avantage comparatif dont il jouit, qui est lui-même déterminé par la structure de ses dotations. Ce processus n'est toutefois pas spontané. À moins que l'État ne joue le rôle de facilitateur pour surmonter les problèmes de coordination et d'externalités inhérents à ce processus, le secteur privé pourrait ne pas vouloir diversifier ses activités dans de nouveaux secteurs en fonction de l'évolution de la structure des dotations du pays. Le concept d'IFR peut contribuer à faire le lien entre l'extraction de ressources naturelles et la construction d'infrastructures aptes à « éliminer les goulets d'étranglement » — deux chaînes d'approvisionnement qui, sinon, sont totalement indépendantes l'une de l'autre et, ainsi, à réduire les coûts de transaction.

Deuxièmement, les auteurs notent, au sujet de « l'évaluation » de la démarche IFR, qu'« il se peut toutefois, lorsqu'un ouvrage d'infrastructure essentiel ne peut pas produire de revenus suffisants pour couvrir les coûts du projet, et qu'il n'est donc pas possible de procéder à une opération de financement sur projet, qu'un crédit IFR soit l'**option la moins coûteuse** à laquelle l'État puisse recourir pour obtenir cette infrastructure essentielle ». Ils notent également, à juste titre, les failles des précédents modèles de financement des infrastructures qui pourraient être comblées par la démarche IFR, notamment la caractéristique intéressante des prêts « sans recours ». Si les transactions IFR antérieures avaient effectivement comporté un élément de prêt « sans recours » favorisant l'emprunteur, le prêteur aurait assumé des risques plus élevés que s'il avait consenti des prêts sécurisés assortis d'un plein droit de recours. Ce service d'assurance unique accordé par les prêteurs dans le cadre des transactions IFR, qui n'existe dans aucun autre système, n'est pas encore pleinement apprécié et pris en compte dans les calculs financiers par la communauté de développement. Il importera d'étudier cette question plus en détail.

Troisièmement, le concept IFR permet de surmonter plusieurs obstacles auxquels sont confrontés les pays à faible revenu mais riches en ressources, notamment le défaut de concordance dans la composition monétaire des flux de recettes et du service de la dette. Il est bien connu que les recettes produites par un ouvrage d'infrastructure particulier en monnaie nationale ne peuvent pas servir à rembourser des prêts libellés en devises. Dans l'idéal, la transformation structurelle d'un pays ne devrait pas être entravée par une pénurie de devises. Le financement du développement par le mode IFR met l'accent sur le secteur réel et est moins tributaire de flux de trésorerie libellés en devises. Ce concept réduit le montant de devises dont un pays doit disposer pour rembourser ses emprunts extérieurs, tant qu'il peut produire des biens qui peuvent être vendus sur les marchés mondiaux, par exemple du pétrole ou du gaz ou des fèves de cacao (dans le cas du barrage de Bui au Ghana) et générer des flux de revenus à l'avenir.

Tous les pays n'ont pas le même accès aux marchés financiers internationaux, qui leur permettraient d'émettre des obligations pour financer la construction de leurs infrastructures, de sorte qu'ils doivent trouver des méthodes novatrices d'investir dans leur développement. Le modèle IFR permet d'échanger une ressource pour un autre actif productif à long terme, et appuie ainsi la diversification du secteur réel sans recourir uniquement au marché financier. Il réduit en outre les fuites associées au transfert hors du pays des rentes/revenus des ressources, c'est-à-dire la fuite des capitaux. Ces échanges de secteur « réel » à « réel » pourraient contribuer à surmonter certains graves obstacles financiers et de gouvernance auxquels sont confrontés les pays à faible revenu mais riche en ressources. Dans le cas des pays qui ont des problèmes de capacités, des échanges de secteur « réel » à « réel » sous forme, par exemple, de programmes de « vivres contre travail », de projets clés en main, d'échanges de « débouchés pour des technologies » ainsi que d'approches de « ressources pour des infrastructures » peuvent, sous réserve qu'ils soient bien conçus et fassent l'objet d'un suivi attentif, produire des résultats de nature à promouvoir le développement, notamment des routes ou des écoles, ou encore des emplois sur le terrain dans un délai de trois à cinq ans, ou moins.

Quatrièmement, toutes les classes d'actifs n'ont pas la même productivité et le même impact sur la pauvreté. Certaines regroupent des biens publics ou semi-publics, d'autres des biens privés. Certains types d'infrastructures contribuent à « éliminer les goulets d'étranglement » et ont un fort impact sur le développement, d'autres non. Le modèle IFR pourrait contribuer à intégrer et « regrouper » la fourniture de biens publics et l'extraction de ressources naturelles (biens privés) d'une manière pertinente (par exemple dans une zone éco-industrielle) qui pourrait profiter à la population du pays hôte, tout en faisant de la fourniture de biens publics un objectif attractif pour le secteur privé.

Quels sont les types d'investissement dans les infrastructures qui peuvent « s'amortir d'eux-mêmes » et être viables sur le plan financier ? Il importe ici de considérer la géographie économique — l'association d'infrastructures à des zones industrielles constituées en « pôles » ou au développement urbain peut avoir un plus grand impact sur la croissance et la pauvreté. Paul Krugman et d'autres tenants de la nouvelle théorie des échanges et de la nouvelle géographie économique ont montré que la concentration spatiale s'autorenforce. La concentration de l'activité économique s'entretient d'elle-même parce que la concentration spatiale crée un environnement économique propice à la poursuite de cette concentration. Les avantages procurés par l'agglomération des activités réduisent les coûts de transaction des différentes entreprises et accroît la compétitivité des industries nationales par rapport aux industries similaires des autres pays ayant atteint le même niveau de développement, comme le note Michael Porter.

Cinquièmement, il incombe aux autorités nationales et aux organisations financières internationales de favoriser des innovations au niveau des dispositions contractuelles qui permettent de transformer des financements à court terme en financements à long terme, des biens non échangeables en des biens échangeables (comme le marché du carbone) et des actifs illiquides en actifs liquides (comme les fonds négociés en bourse et les titres adossés à des actifs). Il importe à ce stade de considérer le regroupement des risques. La constitution d'un Fonds mondial de transformation structurelle d'une ampleur suffisante (un tel fonds devrait avoir une valeur d'au moins 50 à 100 milliards de dollars et être doté d'un portefeuille diversifié — Lin et Wang 2013) pourrait, ainsi, contribuer à fortement réduire les risques des projets d'infrastructures bilatéraux.

Dans l'intervalle, l'économie politique revêt une importance cruciale pour la gestion des risques. Le concept IFR peut, certes, être jugé attractif par des équipes gouvernementales élues par un processus démocratique, parce qu'il permet d'obtenir « rapidement » des résultats propices au développement. Cette rapidité peut toutefois être un inconvénient au stade des remboursements parce que les équipes gouvernementales qui suivront pourront avoir oublié les avantages obtenus au préalable, et révoquer les concessions ou exiger une renégociation du contrat. En fait, 30 % des 1 000 concessions accordées par des pays d'Amérique latine et des Caraïbes entre 1985 et 2000 ont été renégociées dans un délai de 2,2 ans, les taux de renégociation les plus élevés étant observés dans le secteur de l'approvisionnement en eau et de l'assainissement (74 %) (Guasch 2004, 12).

Les préoccupations suscitées par les problèmes de transparence dans le cadre des montages IFR antérieurs sont fondées. Nous soutenons fermement les principes de l'Initiative pour la transparence dans les industries extractives (ITIE) pour des raisons morales, politiques et aussi de gestion des risques. Les faits montrent qu'il est important, pour gérer le risque politique, de concilier la volonté de transparence et un certain degré de confidentialité durant les négociations (voir l'encadré 5.4). À notre avis, **toute « transaction » négociée en secret — sans l'appui du public — court plus de risques d'être révoquée ou renégociée** à une date ultérieure en cas de changement de gouvernement. Il ne faut pas oublier cette leçon du passé.

Enfin, les responsables de l'action publique en Afrique désireux de construire des infrastructures pour leurs citoyens pourraient grandement bénéficier de cette approche, à condition qu'ils identifient avec soin les secteurs dans lesquels leur pays jouit d'un avantage comparatif et qu'ils adoptent au préalable un programme axé sur la **constitution d'un pôle industriel**. Maintenant que les coûts de main-d'œuvre augmentent rapidement en Chine, cette dernière pourrait fournir des emplois à 85 millions de personnes dans des industries manufacturières à forte intensité de main-d'œuvre dans de nombreux pays à faible revenu. Huajian est un exemple frappant en ce domaine.

Cette entreprise, qui est l'un des plus grands exportateurs chinois de chaussures, à ouvert une importante fabrique en Éthiopie ; elle a formé les ouvriers et a commencé à exporter en quatre mois. La fabrique emploie maintenant plus de 2 000 Éthiopiens. Huajian n'aurait pu parvenir à ce résultat si la zone industrielle orientale n'avait pas été conjointement établie par les autorités éthiopiennes et chinoises.

De manière générale, la mise en place d'un Fonds mondial de transformation structurelle permettant de combler le déficit de financement des infrastructures produira aussi des résultats positifs pour le restre du monde (Lin and Wang, 2013). Le concept IFR n'est pas une panacée, car il n'est que l'un des types de modèle de financement des infrastructures, dont le succès dépend du montage et de l'exécution. Le moment est venu de mettre ces idées en pratique et de construire les infrastructures permettant d'« éliminer les goulets d'étranglement » associés aux avantages comparatifs des pays, infrastructures qui sont cruciales pour appuyer la création d'emplois et une croissance durable aussi bien dans les pays à revenu élevé que dans les pays en développement.

Note

1. Les auteurs remercient Håvard Halland, Bryan Land, Vivien Foster et Shuilin Wang d'avoir lancé ces discussions. Les opinions exprimées dans ce commentaire sont celles de ses auteurs et ne représentent pas les opinions des institutions auxquels ils sont affiliés. Les commentaires et les suggestions peuvent être transmis à l'auteur correspondant Yan Wang at yanwang2@gwu.edu.

Commentaires de Clare Short

Présidente, Initiative pour la transparence
dans les industries extractives

Cette étude apporte des éléments opportuns au débat concernant les infrastructures financées par des ressources naturelles (IFR). L'Initiative pour la transparence dans les industries extractives (ITIE ; www.eiti.org) repose sur le principe selon lequel une bonne compréhension par les citoyens des recettes et des dépenses publiques peut enrichir les discussions de politique publique et permettre de choisir en connaissance de cause des options appropriées et réalistes pour un développement durable. Ce principe est particulièrement pertinent dans le cas du modèle IFR.

Trente-neuf pays mettent actuellement en œuvre les normes de l'ITIE. Pour se conformer à ses exigences, ils sont tenus de publier des rapports annuels présentant des données à jour, détaillées et fiables sur les industries exploitant du pétrole, du gaz et des minerais. En 2011, l'ITIE a adopté une « exigence » concernant « la fourniture d'infrastructures et les accords de troc ». Lorsqu'ils sont significatifs, les pays mettant en œuvre les normes de l'ITIE doivent élaborer un processus de déclaration « en vue d'atteindre un niveau de transparence équivalent à la divulgation des autres paiements et flux de revenus » (Règles de l'ITIE, exigence 9(f)). Les transactions IFR ne sont pas mentionnées de manière particulière ni traitées de manière différente. Le Conseil d'administration de l'ITIE ne fait que réitérer l'importance d'appliquer les mêmes règles à tous et de faire preuve de la même transparence dans tous les types de contrats utilisés pour les opérations d'extraction de ressources naturelles. En mai 2013, l'ITIE a adopté une norme révisée, qui précise la manière dont doit être traité ce qu'elle qualifie de Fournitures d'infrastructures et accords de troc (voir l'encadré A.1).

Encadré A.1 Prise en compte par la Norme ITIE des infrastructures financées par des ressources naturelles

Exigence 4.1(d) Fournitures d'infrastructures et accords de troc
Le Groupe multipartite et l'administrateur indépendant sont tenus de vérifier l'existence d'accords, ou ensembles d'accords et de conventions afférents à la fourniture de biens et de services (y compris des prêts, des subventions ou des travaux d'infrastructure) en échange partiel ou total de concessions pour la prospection ou l'exploitation de pétrole, de gaz ou de minerais, ou pour la livraison physique de telles matières premières. À cette fin, le Groupe multipartite et l'administrateur indépendant doivent acquérir une bonne compréhension des conditions du contrat et des accords concernés, des parties intéressées, des ressources qui ont été promises par l'État, de la valeur de la contrepartie en termes de flux financiers et économiques (par exemple travaux d'in-

suite de l'encadré à la page suivante

Encadré A.1 Prise en compte par la Norme ITIE des infrastructures financées par des ressources naturelles *(suite)*

frastructures) et de la matérialité comparable aux contrats traditionnels. Lorsque le Groupe multipartite conclut que ces accords sont significatifs, il est tenu, avec l'administrateur indépendant, de faire en sorte que les informations relatives à ces accords soient incluses dans le rapport ITIE afin d'atteindre un niveau de détails et de transparence égal à celui qui existe pour la divulgation et la réconciliation des autres paiements et flux de revenus. Lorsque la réconciliation des transactions clés n'est pas possible, le Groupe multipartite devra convenir d'une approche en faveur d'une divulgation unilatérale par les parties ayant conclu les accords à joindre au rapport ITIE.

Source : La Norme ITIE, p. 27

L'ITIE se caractérise fondamentalement par la collaboration entre les autorités nationales, les sociétés d'extraction de ressources naturelles et la société civile. Pour pouvoir appliquer les dispositions concernant la fourniture d'infrastructures et les accords de troc de manière efficace, l'ITIE exige des parties prenantes qu'elles aient une bonne compréhension des conditions du contrat et des accords concernés, des parties intéressées, des ressources qui ont été promises par l'État, de la valeur de la contrepartie en termes de flux financiers et économiques (par exemple les travaux d'infrastructures) et de la matérialité comparable aux contrats traditionnels.

La Norme ITIE encourage aussi les pays mettant en œuvre l'ITIE à divulguer publiquement tous les contrats et licences qui fixent les conditions d'exploitation de pétrole, de gaz et de minéraux (Exigence 3.12 de l'ITIE). Elle dispose ensuite que : « Il est exigé que le rapport ITIE documente la politique du gouvernement en matière de divulgation des contrats...» (Exigence 3.12(b) de l'ITIE). À cet égard, les contrats comprennent ceux qui sont établis pour les transactions IFR, à condition que l'exploitation de la ressource naturelle s'inscrive dans le contexte d'une opération IFR de plus vaste portée. Outre qu'elles encouragent la divulgation de ces modalités, ces dispositions signifient que, si les autorités décident de ne pas les publier, elles doivent expliquer pourquoi dans les rapports qu'elles soumettent à l'ITIE. La Norme ITIE témoigne donc d'une importante évolution en direction d'une situation caractérisée par la divulgation escomptée des transactions IFR.

Les travaux menés en République démocratique du Congo (RDC) fournissent un exemple de la manière dont ces questions sont prises en compte dans le contexte de l'ITIE. Le dernier rapport en date soumis par la RDC à l'ITIE, qui couvre l'exercice 10, donne une description générale de l'accord conclu en 2007 entre les autorités, par l'intermédiaire de la société Gécamines, et un consortium de sociétés chinoises. Le rapport soumis à l'ITIE fournit également des détails sur les primes à la signature versées à l'État au titre de l'accord. Le Conseil d'administration a accueilli favorablement les efforts initiaux déployés par la RDC pour faire face aux questions relatives aux fournitures d'infrastructures et aux accords de troc et rappelle qu'il est nécessaire d'examiner ces transactions en détail pour répondre aux exigences de l'ITIE. Il est manifestement possible d'utiliser la plateforme offerte par l'ITIE pour mieux expliquer les transactions IFR au public et fournir des informations à jour sur la mise en œuvre de ces accords.

Comme l'explique l'étude, l'un des problèmes particuliers que posent les transactions IFR tient au fait qu'il peut être difficile de formuler des estimations fiables des revenus auxquels il faut renoncer et de la valeur de l'infrastructure qui doit être construite. Les coûts et les avantages peuvent être encourus sur de longues périodes, et les parties prenantes peuvent, à juste titre, avoir des opinions divergentes sur les hypothèses qui doivent être retenues pour estimer leur valeur actuelle nette (et, partant, sur l'équité générale de la transaction). Une fois que ces accords sont entrés en vigueur, l'ITIE s'emploie à fournir des informations rapides sur l'état d'avancement des opérations de manière à permettre aux parties prenantes d'assurer le suivi de leur exécution et d'évaluer leur efficacité.

L'étude offre d'utiles directives pour aider les autorités nationales à assurer une bonne gouvernance et la transparence lorsque des ressources naturelles sont utilisées pour financer la construction d'infrastructures. Elle présente aux responsables de l'action publique, aux parties contractantes et aux communautés touchées un cadre permettant de comprendre et de comparer les transactions IFR, de suivre leur exécution et d'évaluer les opportunités qu'elles offrent ainsi que les risques qu'elles comportent.

L'ITIE ne peut pas garantir que la richesse tirée des ressources naturelles profitera à tous les citoyens ; il faudrait pour cela mener un effort de réforme plus générale. Toutefois, la transparence permise par l'ITIE peut largement contribuer à apporter des éléments aux débats publics et à promouvoir les réformes.

Commentaires de Louis T. Wells

Herbert F. Johnson Professor Emeritus, Harvard Business School

Cette étude offre un cadre permettant d'examiner ce que les auteurs appellent infrastructures financées par des ressources naturelles (IFR)[1]. Le titre de cette étude décrit son thème : comment financer des ouvrages d'infrastructure. L'on pourrait, en fait, considérer ces systèmes essentiellement comme la résultante d'efforts déployés par les pays hôtes pour tirer le meilleur rendement possible de l'exploitation de leurs ressources naturelles. Bien que je n'aie qu'une expérience limitée de la question, il me semble que les propositions d'IFR (que l'on considère que cette expression signifie « infrastructures financées par des ressources naturelles » ou « ressources pour des infrastructures ») n'émanent généralement pas des autorités des pays hôtes à la recherche de moyens de financer des projets d'infrastructures particuliers. Je n'ai pas connaissance d'autorités nationales ayant jamais sollicité des financements en ces termes : « nous avons besoin d'un nouvel aéroport ; essayons de financer ce dernier en concluant un accord d'accès à notre minerai de fer ». Ce jour arrivera peut-être, mais la plupart des propositions présentées à ce jour ont probablement été présentées par des sociétés souhaitant mettre en valeur des mines, des champs pétrolifères ou des plantations. Un investisseur étranger souhaitant obtenir des ressources propose une opération globale, une transaction IFR, pour améliorer ses changes vis-à-vis de ses concurrents. Les autorités du pays hôtes doivent alors évaluer les propositions au regard de ce qu'elles pourraient peut-être recevoir pour leurs ressources et de ce qu'elles devraient payer pour financer les infrastructures correspondantes si elles devaient utiliser des fonds d'autres sources[2].

Une transaction équivalente à un prêt

Abstraction faite de son objet, l'étude considère à juste titre qu'une transaction IFR équivaut à un prêt garanti par des ressources promises, quelle que soit la structure formelle de l'opération. Aussi bien les ressources provenant d'un prêt traditionnel que les infrastructures financées à la période en cours par des ressources qui seront extraites à une date future produisent des actifs à la période actuelle et doivent être remboursés d'une manière quelconque à une date future. Quelque soit la manière dont on les considère, il s'agit en fait de prêts. Des projets d'infrastructure dûment sélectionnés et soigneusement mis au point, qu'ils soient financés par un prêt traditionnel ou par des ressources promises, procureront au pays des revenus qui compenseront le service futur de la dette. À l'évidence, si les actifs reçus au départ ne sont pas investis de manière avisée — par exemple, s'ils sont déposés dans des comptes bancaires étrangers, s'ils sont investis dans des projets qui deviennent des gouffres financiers, ou s'ils financent tout simplement un accroissement de la consommation — le pays ne produira pas à terme les revenus supplémentaires requis pour assurer le service de la dette. Ce sera le cas quelle que soit la manière dont l'investissement est financé. L'on peut espérer, au moins, que le modèle IFR accroît les chances que les fonds provenant des ressources naturelles seront investis dans des actifs générateurs de revenus (c'est-à-dire des ouvrages d'infrastructure utiles) et non détournés vers des comptes bancaires détenus à l'étranger par des représentants de l'État ou entièrement affectés à la consommation courante.

Le cadrage de l'analyse peut, en fin de compte ne pas être d'une importance cruciale, mais l'étude présente le modèle IFR comme s'il était nouveau, bien que les auteurs nuancent quelque peu leurs vues en la matière. Considérons, par exemple, l'objectif qui consiste à tirer des rendements précoces des ressources naturelles. Des modalités parallèles sont toutefois utilisées de longue date pour parvenir à cette fin. En 1926, par exemple, le Libéria a conclu avec Firestone un accord portant sur une concession de caoutchouc assortie d'un prêt à l'État. Certes, le produit du prêt n'a pas servi à construire un ouvrage d'infrastructure, mais les caractéristiques fondamentales de l'opération sont similaires. Des modalités parallèles — l'obtention immédiate d'actifs en échange d'un accès à des minéraux ou d'autres ressources naturelles — sont fréquemment employées sous la forme des primes à la signature associées à des accords miniers et, surtout, à des accords pétroliers. Ces derniers permettent tous de fournir des fonds immédiats au pays hôte en échange de l'obtention de droits aux ressources naturelles à une date future. Le « remboursement » peut être explicite, ce qui est le cas lorsqu'une transaction IFR alloue, ou promet, au prêteur les montants qui seront versés à l'avenir au titre de l'impôt ou des redevances. Il peut aussi, du moins en partie, être moins apparent, et revêtir la forme d'une diminution du montant des redevances ou des taxes payées par le promoteur de la ressource naturelle en échange de l'obtention du prêt.

Les transactions IFR diffèrent de prêts plus simples dans la mesure où elles peuvent « ne pas être comptabilisées ». Elles peuvent être structurées de manière à ne pas apparaître dans les rapports habituels sur la dette souveraine. À cet égard, elles sont similaires aux financements hors bilan levés par les sociétés. Ces deux types de financement posent des risques, aussi bien pour les prêteurs que pour les emprunteurs.

Critiques

Les transactions IFR proposées par des investisseurs étrangers en Afrique ont fait l'objet de critiques généralisées, surtout de la part de sociétés des pays occidentaux mais aussi, parfois, de celle des gouvernements de ces pays et d'organisations internationales. L'on peut comprendre que les investisseurs occidentaux ne voient guère d'un bon œil l'intensification de la concurrence. Ils peuvent de surcroît penser (parfois à juste titre) que les entreprises chinoises, qui sont les sociétés qui participent le plus souvent à ce type d'opérations, bénéficient de capitaux bon marché et de l'appui de leur pays, autant d'avantages que les sociétés occidentales n'ont pas. Il serait toutefois difficile d'en conclure que l'intensification de la concurrence est mauvaise pour les pays hôtes, que ceux-ci acceptent les modalités IFR ou non. La plupart de ces derniers ne peuvent de surcroît que profiter du coût plus faible des capitaux, si le prêteur leur en fait effectivement profiter.

Les objections formulées concernent parfois la corruption qui est réputée ternir ces accords. Il n'existe toutefois aucun fait probant, pour autant que je sache, permettant d'affirmer que les transactions IFR donnent lieu à davantage d'actes de corruption que les autres contrats de ressources naturelles et de construction conclus dans les mêmes pays hôtes.

La plupart des critiques formulées à l'encontre des transactions IFR, comme le notent les auteurs, valent tout autant pour les projets indépendants de construction d'infrastructures et de mise en valeur de ressources naturelles. Les ouvrages d'infrastructure financés de manière traditionnelle peuvent également être mal conçus, donner lieu à de nombreux actes de corruption, être mal supervisés durant les travaux et ne pas être bien entretenus. De même, les accords portant sur les ressources naturelles sont souvent mal conçus, comportent de nombreuses échappatoires, sont mal adaptés aux besoins des communautés locales et du développement de proximité, et mal gérés au niveau de la collecte des revenus et de la protection de l'environnement. La pauvreté des pays tient généralement non seulement au faible niveau de leur produit intérieur brut (PIB) par habitant, mais aussi à l'insuffisance de leur capacité à négocier avec des investisseurs étrangers chevronnés et à faire respecter les accords qu'ils ont conclus. Il s'agit là d'un problème de développement auquel il importe de s'attaquer, abstraction faite du modèle IFR.

Les détracteurs du modèle font également ressortir le secret qui entoure la plupart des transactions IFR. Il est certain qu'une plus grande transparence serait utile aux analystes et, très probablement, aux pays hôtes. Les arguments avancés par les investisseurs en faveur de la confidentialité sont, de surcroît, rarement convaincants. Le manque de transparence caractérise toutefois la grande majorité des accords relatifs aux ressources naturelles, qu'ils donnent lieu à la construction d'infrastructures ou non[3].

Risques qui se profilent à terme

Le modèle IFR soulève, à mon avis, un autre problème qui n'a guère été évoqué, que ce soit dans cette étude ou ailleurs. Si l'on se fie aux enseignements de l'expérience, les transactions IFR seront renégociées à l'avenir. Dans la mesure où le service de la dette due au titre de l'infrastructure est considéré réduire le montant des recettes que l'État tire des ressources naturelles, il est très probable qu'une équipe gouvernementale future – ou l'opposition — notera que les ressources naturelles extraites et expédiées à l'étranger produisent des recettes publiques inférieures à celles qu'obtiennent les autres pays. Tous, à l'exception des investisseurs — mais surtout l'opposition politique ou la nouvelle équipe gouvernementale — auront probablement oublié que des avantages ont été initialement tirés de l'opération, sous forme d'ouvrages d'infrastructure. L'attention porte maintenant sur les coûts. Si des opinions sont exprimées, ce sera pour faire pression en faveur d'une renégociation des contrats.

À une époque, les renégociations auraient pu contrarier les investisseurs, mais elles n'auraient pas posé de problème majeur aux pays hôtes[4]. Elles étaient relativement fréquentes, les anciens accords paraissant être en proie à un phénomène d'obsolescence[5]. Aujourd'hui, toutefois, les procédures d'arbitrage international sont plus accessibles et plus faciles à faire respecter, et les procédures de renégociation peuvent être bien plus onéreuses pour les pays qu'autrefois. Les autorités publiques qui savent combien pourrait coûter la renégociation d'un contrat avec un investisseur peu enclin à procéder de la sorte, peuvent hésiter à s'engager dans cette voie même si elles sont en butte à des pressions politiques. Et celles qui ne sont pas aussi bien informées s'exposent à d'importants frais d'arbitrage, si l'investisseur décide de suivre cette procédure. Ni les inconvénients des pressions politiques internes ni les coûts d'arbitrage — frais juridiques, indemnisations, et atteinte possible à la réputation du pays — n'ont un impact mineur sur les intérêts du pays hôte.

C'est parce qu'ils comprennent, au moins de manière intuitive, ce qui peut se produire à terme que les investisseurs des pays occidentaux hésitent à adopter les modèles IFR.

Bons ou mauvais ?

Je pense, comme les auteurs de l'étude « Infrastructures financées par des ressources naturelles », que les modèles IFR ne sont fondamentalement ni bons ni mauvais pour les pays hôtes. Il importe de les évaluer comme toute autre disposition commerciale et de les comparer soigneusement aux autres modalités permettant de tirer des rendements des ressources naturelles ou de financer des ouvrages d'infrastructure. Une plus grande transparence faciliterait l'analyse et la comparaison des transactions IFR, des accords traditionnels portant sur les ressources naturelles et du financement des infrastructures. Tant que de plus amples données ne seront pas disponibles, il sera difficile de présenter des conclusions générales. Les auteurs proposent toutefois des moyens utiles de considérer les différentes propositions.

Notes

1. Les auteurs font référence à une étude complémentaire très utile intitulée « Building Bridges: China's Growing Role as Infrastructure Financier for Africa: Trends and Policy Options » (Foster et al. 2009).

2. Les offres pouvant préciser le projet d'ouvrage d'infrastructure particulier proposé, les autorités doivent se demander s'il s'agit d'un projet auquel elle souhaiterait donner suite en l'absence de cette transaction. Si la réponse est négative si elle n'accorde qu'une priorité très faible à l'ouvrage, il faut ajuster l'analyse en conséquence.

3. Il importe de noter que le Libéria s'est engagé à divulguer tous ses accords portant sur ses ressources naturelles et de les publier sur le web. Je n'ai trouvé aucune indication qu'un investisseur quelconque ait subi le moindre préjudice de ce fait.

4. En 1975, mon co-auteur, David N. Smith, et moi-même avons donné à notre ouvrage intitulé *Negotiating Third World Mineral Agreements, le sous-titre Promises as Prologue*, qui signifie des promesses à titre de prologue, pour indiquer que les conditions des accords portant sur les ressources naturelles étaient constamment renégociées malgré les engagements de longue durée réputés avoir été pris par les deux parties. Voir Smith et Wells (1975).

5. Voir Vernon (1971, chapitre 2) pour une application précoce du « modèle de négociation venant à obsolescence » dans le domaine des ressources naturelles.

Bibliographie

African Mining Vision. 2011. « Exploiting Natural Resources for Financing Infrastructure Development: Policy Options for Africa. » Commission de l'Union africaine. Document présenté à la deuxième session ordinaire de la Conférence de l'Union africaine des ministres en charge du développement des ressources minières, Addis Ababa, décembre.

Alves, Ana Christina. 2013. "China's 'Win-Win' Cooperation: Unpacking the Impact of Infrastructure-for-Resources Deals in Africa." *South African Journal of International Affairs* 20 (2): 207–26.

Brahmbhatt, Milan, et Otaviano Canuto. 2013. "FDI in Least Developed Countries: Problems of Excess?" *Global Finance Mauritius* 1: 79–82.

Brautigam, Deborah. 2011. *The Dragon's Gift: The Real Story of China in Africa*. Oxford: Oxford University Press.

Brealey, Richard A., Ian A. Cooper, et Michel A. Habib. 1996. « Using Project Finance to Fund Infrastructure Investments. » *Journal of Applied Corporate Finance* 9 (3): 25-38.

Cassel, Cosima, Giuseppe de Candia, et Antonella Liberatore. 2010. Building *African Infrastructure with Chinese Money*. Barcelona Graduate School of Economics. http://www.barcelonagse.eu/tmp/pdf/ITFD10Africa.pdf.

CNUCED (Conférence des Nations Unies sur le commerce et le développement). 2013. « Time Series on Inward and Outward Foreign Direct Investment Flows, Annual, 1970–2012. » Données compilées par le Financial Times 19 août 2013, « Offshore Centres Race to Seal Africa Investment Tax Deals. » http://www.ft.com/intl/cms/s/0/64368e44-08c8-11e3-ad07-00144feabdc0.html.

Dailami, Mansoor, et Danny Leipziger. 1999. *Infrastructure Project Finance and Capital Flows: A New Perspective*. Washington : Institut de développement économique, Banque mondiale.

Davies, Martyn. 2009. « The New Coupling ». *Emerging Markets*, 10 mai. http://www.emergingmarkets.org/Article/2346316/The-new-coupling.html. République Démocratique du Congo - Company Corporation Sinohydro, janvier 2008.

Foster, Vivien. 2008. *Overhauling the Engine of Growth: Infrastructure in Africa* (draft). Washington : Banque mondiale.

Foster, Vivien, et Cecilia Briceño-Garmendia. 2010. Africa's Infrastructure: *A Time for Transformation*. Washington : Banque mondiale.

Foster, Vivien, William ButteIFReld, Chuan Chen, and Nataliya Pushak. 2009. « Building Bridges: China's Growing Role as Infrastructure Financier for Africa.» Trends and Policy Options No. 5, Banque mondiale et PPIAF, Washington.

Freshfields Bruckhaus Deringer. 2012. From *Policy to Proof of Concept, and Beyond: Outlook for Infrastructure 2012.* http://www.freshfields.com/uploadedFiles/SiteWide/News_Room/Insight/Project_Bonds/Outlook%20for%20infrastructure%202012.pdf.

Guasch, J. Luis. 2004. *Granting and Renegotiating Infrastructure Concessions: Doing It Right.* Washington : Banque mondiale.

Global Witness. 2011a. « $6bn Congo-China Resource Deal Threatened by Lack of Information. » 8 mars. http://www.globalwitness.org/library/6bn-congo-china-resource-deal-threatened-lack-information.

———. 2011b. « China and Congo: Friends in Need.» Rapport de Global Witness sur la République démocratique du Congo, Londres, Royaume-Uni.

Groupe Gecamines-Consortium d'entreprises chinoises. Décembre 2007. Accord de coentreprise.

Hellendorff, Bruno. 2011. *China and DRC: Africa's Next Top Models?* Chaire InBev Baillet-Latour. https://www.uclouvain.be/cps/ucl/doc/pols/documents/NA13-INBEV-ALL.pdf.

Hodges, John T., and Georgina Dellacha. 2007. « Unsolicited Infrastructure Proposals: How Some Countries Introduce Competition and Transparency.» Document de travail n° 1 du PPIAF, Fonds de conseil en infrastructure publique-privée, Washington.

FMI (Fonds monétaire international). 2003. « Assessing Public Sector Borrowing Collateralized on Future Flow Receivables.» Mémorandum non publié. https://www.imf.org/external/np/fad/2003/061103.pdf.

Jansson, Johanna. 2011. « The Sicomines Agreement: Change and Continuity in the Democratic Republic of Congo's International Relations.» SAIIA Occasional Paper No 97, South African Institute of International Affairs, Johannesburg.

Korea Eximbank. 2011. « Resource Development in DR Congo through Water Supply Pipeline Construction. » Communiqué de presse. http://www.koreaexim.go.kr/en/bbs/noti/view.jsp?no=9671&bbs_code_id=1316753474007&bbs_code_tp=BBS_2.

Lee, Peter. 2010. « China Has a Congo Copper Headache. » *Asia Times*, 11 mars. http://www.atimes.com/atimes/China_Business/LC11Cb02.html.

Lin, Justin Yifu. 2011. « How to Seize the 85 Million Jobs Bonanza.» *Let's Talk Development* (blog), Banque mondiale, Washington, 27 juillet.

———. 2012. *New Structural Economics: A Framework for Rethinking Development and Policy.* Washington : Banque mondiale.

Lin, Justin Yifu, et Yan Wang. 2013. « Beyond the Marshall Plan: A Global Structural Transformation Fund. » Document de référence publié par le Groupe de haut niveau de l'ONU sur le programme de développement pour l'après 2015. http://www.post2015hlp.org/wp-content/uploads/2013/05/Lin-Wang_Beyond-the-Marshall-Plan-A-Global-Structural-Transformation-Fund.pdf.

Mineral Resources Mining SPRI -National Society of Railways of Congo SARL. 2012. Memorandum of Agreement, juin.

Ogier, Thierry. 2011. « Concerns over China's 'Asymmetric Bargaining Power'. » *Emerging Markets*, 24 septembre. http://www.emergingmarkets.org/Article/2906476/Concerns-over-Chinas-asymmetric-bargaining-power.html.

Ravat, Anwar, et Sridar P. Kannan, directeurs de publication. 2011. *Implementing EITI for Impact: A Handbook for Policy Makers and Stakeholders. Washington* : Banque mondiale.

Smith, David N., et Louis T. Wells. 1975. *Negotiating Third World Mineral Agreements*. Cambridge, MA: Ballinger.

Society of Industrial and Mining Development of Congo SARL-Tae Joo Synthesis Steel Co., Ltd. 2011. Operating Agreement, mars.

Vernon, Raymond. 1971. *Sovereignty at Bay*. New York: Basic Books.

Wang, Yan. 2011. « Infrastructure: The Foundation for Growth and Poverty Reduction: A Synthesis. » publié dans *Economic Transformation and Poverty Reduction: How It Happened in China, Helping It Happen in Africa*, sous la direction de Chine-OCDE/CAD Study Group, chapter III, volume II. OCDE and International Poverty Reduction Center in China. http://www.oecd.org/dac/povertyreduction/49528657.pdf.

Wells, Louis T. 2013. « Infrastructure for Ore: Benefits and Costs of a Not-So-Original Idea ». Columbia FDI Perspectives, No. 96, 3 juin. http://www.vcc.columbia.edu/content/infrastructure-ore-benefits-and-costs-not-so-original-idea.

Wenping, He. 2012. « Laying Foundation for Future ». *China Daily*, 29 juin. .http://usa.chinadaily.com.cn/weekly/2012-06-29/content_15534111.htm.

Déclaration des avantages environnementaux

La Banque mondiale s'attache à réduire son empreinte environnementale. À cette fin, le Service des publications et de la diffusion des connaissances exploite des technologies d'édition électronique et d'impression à la demande à partir des différents centres régionaux du Groupe de la Banque ; il lui est ainsi possible de réduire le coût des tirages et les distances entre les lieux d'impression et de destination des ouvrages et de limiter la consommation de papier, l'utilisation de produits chimiques, les émissions de gaz à effet de serre et les déchets.

Le Service des publications et de la diffusion des connaissances suit les normes recommandées pour l'utilisation de papier par l'Initiative Green Press. Dans toute la mesure du possible, les livres sont imprimés sur papier recyclé constitué entre 50 % à 100 % de fibres de déchets de consommation, et au moins 50 % des fibres utilisées dans nos livres imprimés n'ont pas été blanchies ou ont été blanchies par un procédé sans aucun composé chloré (TCF), par un procédé sans chlore gazeux (PCF), ou par un procédé renforcé pauvre en chlore (EECF).

Pour plus d'information sur les principes environnementaux de la Banque, rendez-vous sur http://crinfo.worldbank.org/wbcrinfo/node/4.

green press INITIATIVE

www.ingramcontent.com/pod-product-compliance
Lightning Source LLC
Chambersburg PA
CBHW082106210326
41599CB00033B/6603